La novela de Juan Goytisolo

GONZALO NAVAJAS

LA NOVELA
DE JUAN GOYTISOLO

Colección «TEMAS»

SOCIEDAD GENERAL ESPAÑOLA DE LIBRERIA, S. A.

Evaristo San Miguel, 9

MADRID-8

Colección «Temas», n.º 15
dirigida por Luciano García Lorenzo

ISBN 84-7143-191-2
Depósito legal: M. 29086-1979
Printed in Spain - Impreso en España por
Selecciones Gráficas, Carretera de Irún, km. 11,500. Madrid, 1979

SUMARIO

TERCERA PARTE

DEMITIFICACION DE ESPAÑA

INTRODUCCION

La obra creadora y crítica de Juan Goytisolo es considerable. He aquí una lista de sus obras, clasificadas de acuerdo con el momento en que fueron escritas; este orden, que es el que sigo en mi estudio, no coincide siempre con el de la fecha de su publicación: *Duelo en el paraíso*, 1955; *Juegos de manos*, 1954; *El circo*, 1957; *Fiestas*, 1958; *La resaca*, 1958; *Problemas de la novela* (ensayos), 1959; *Campos de Níjar* (libro de viajes), 1960; *Para vivir aquí* (relatos), 1960; *La isla*, 1961; *Fin de fiesta*, 1962; *La Chanca* (libro de viajes), 1962; *Pueblo en marcha* (libro de viajes), 1969; *El furgón de cola* (ensayos), 1967; *Señas de identidad*, 1966; *Reivindicación del conde don Julián*, 1970; *Obra inglesa de don José María Blanco White* (traducción y prólogo de ...), 1972; *Juan sin tierra*, 1975 [1].

---

[1] JUAN GOYTISOLO: *Duelo en el paraíso* (Barcelona: Destino, 1955); *Juegos de manos* (Barcelona: Destino, 1954); *El circo* (Barcelona: Destino, 1957); *Fiestas* (Barcelona: Destino, 1969); *La resaca* (París: Librairie espagnole, 1958); *Problemas de la novela* (Barcelona: Seix y Barral, 1959); *Campos de Níjar* (Barcelona: Seix y Barral, 1959); *Para vivir aquí* (Barcelona: Seix y Barral, 1960); *La isla* (México: Mortiz, 1969); *Fin de fiesta* (Barcelona: Círculo de lectores, 1962); *La Chanca* (París: Librería española, 1962); *Pueblo en marcha* (Montevideo: Libros de la pupila, 1969); *El furgón de cola* (París: Ruedo ibérico, 1967); *Señas de identidad* (México: Mortiz, 1966); *Reivindicación del conde don Julián* (México: Mortiz, 1970); *Obra inglesa de don José María Blanco White* (Buenos Aires: Formentor, 1972); *Juan sin tierra* (Bar-

En total nueve novelas, un libro de cuentos, tres libros de viajes y tres de libros de crítica literaria. Hay, además, no recogi-
dos en volumen, un conjunto de cuentos aparecidos a partir
de 1949 que se encuentran en un archivo especial dedicado a
Juan Goytisolo en la Murgar Memorial Library de la Universidad de Boston; también, una serie importante de artículos de
política y otros temas relacionados con circunstancias españolas
publicados en diversos periódicos y revistas.

A pesar de la importancia y la extensión de la producción
de Goytisolo, no hay todavía estudios que sean realmente escla-
recedores y comprensivos sobre su obra.

No existe hasta ahora un libro dedicado a la obra completa del novelista; sin embargo, los numerosos estudios generales sobre la novela española contemporánea y sobre todo los
dedicados al análisis de la novela social incorporan también
páginas sobre Goytisolo. Entre ellos importan algunos en especial.

En *La novela española contemporánea,* de Eugenio G. de
Nora, se estudian brevemente todas sus novelas hasta *La resaca.* En este libro se juzga la obra desde un criterio realista
y se la critica por la mezcla indiscriminada de poesía y de
realidad que la lleva a ser una «ficción híbrida, referida desde
luego a situaciones y seres concretos e históricamente dados,
pero también convencional y subjetivizada hasta el exceso» [2].
Nora señala ya algunos de los rasgos más característicos del
autor: su habilidad narrativa y constructiva y la asimilación
«provechosa» de las corrientes novelísticas modernas.

Ramón Buckley, en *Problemas formales de la novela española contemporánea* [3], hace un atrayente estudio de los personajes desde el punto de vista de la crítica de arquetipos. Buckley
da atención especial a tres de ellos: el líder, la víctima y el
mistificador. El libro contiene además un análisis de los mitos

---

celona: Seix y Barral, 1975). Las citas de este estudio remiten a las
ediciones aquí mencionadas.

[2] EUGENIO G. DE NORA: *La novela española contemporánea* (Madrid: Gredos, 1962), p. 320.

[3] RAMÓN BUCKLEY: *Problemas formales de la novela española contemporánea* (Barcelona: Península, 1968).

y de las imágenes míticas de las novelas basado en modelos
americanos.

La novela social española [4] (sobre todo la segunda edición),
de Pablo Gil Casado, contiene el estudio global más completo.
Sus análisis están hechos desde los supuestos de la novela social y se da más interés, por tanto, al contenido que a la forma
de las novelas. El libro es interesante también porque sirve para
entender más claramente las relaciones de Goytisolo con otros
autores de la novela social.

La novela española actual [5], de José Corrales Egea, está
concebida desde una perspectiva ensayística y personal más
que rigurosamente erudita, pero sus juicios son penetrantes.
El libro no contiene un estudio detallado de Goytisolo, pero
su aguda crítica de la evolución de la novela española de posguerra lo hace interesante para comprender mejor la evolución del
propio Goytisolo.

En *La nueva novela hispanoamericana* [6], de Carlos Fuentes,
se dedica un ensayo a Goytisolo en el que se hace un análisis
de sus dos últimas novelas y se señalan los parecidos y las
diferencias de las novelas de Goytisolo con la nueva novela
hispanoamericana, en especial en sus posturas con relación al
lenguaje. Las observaciones de Fuentes —un escritor que ha
influido en Goytisolo— son interesantes, ya que inician el estudio de las relaciones de la novela de Hispanoamérica y la
de nuestro autor.

Por último, José Ortega, en *Juan Goytisolo: Alienación y
agresión de «Señas de identidad» y «Reivindicación del conde
don Julián»* [7], estudia estas novelas desde una perspectiva psicoanalítica y sociológica. El propósito del libro es quizá demasiado ambicioso, pero contiene sugestivas ideas sobre todo en

---

[4] PABLO GIL CASADO: *La novela social española,* 2.ª ed. (Barcelona:
Seix y Barral, 1972).
[5] JOSÉ CORRALES EGEA: *La novela española actual* (Madrid: Cuadernos para el diálogo, 1971).
[6] CARLOS FUENTES: *La nueva novela hispanoamericana* (México:
Mortiz, 1969).
[7] JOSÉ ORTEGA: *Juan Goytisolo: Alienación y agresión en «Señas
de identidad» y «Reivindicación del conde don Julián»* (Nueva York:
Elíseo Torres, 1972).

el análisis del significado de la conducta sexual de los personajes de Goytisolo.

En general, los juicios aislados más importantes sobre Goytisolo se encuentran más en artículos que en libros. La aparición de las primeras novelas originó cierta atención crítica, no demasiado entusiasta, pero esperanzada con respecto al futuro del joven autor. Este carácter es típico de los comentarios que aparecen entre 1951 y 1960 aproximadamente.

José Luis Cano, en las páginas de *Insula,* es el primero que se ocupa de las novelas publicadas. Se trata de notas breves en que se destacan sobre todo la facilidad narrativa del autor, el tratamiento simbólico de los personajes y cierta influencia de la novela francesa.

Posteriormente, también en *Insula,* aparecen otros artículos igualmente breves y sin demasiada profundidad. Fernando Díaz-Plaja establece un paralelo entre *Duelo en el paraíso* y *Lord of the Flies,* de William Golding [8]; Martínez Adell analiza los elementos fantásticos de *Fiestas* en relación con la verosimilitud realista [9].

Con la creciente actividad creadora del novelista, la crítica se extiende y se torna más abarcadora y profunda. Tal vez el mejor ejemplo sea el artículo «El novelista Juan Goytisolo», de José Martínez Cachero, publicado en 1964 en *Papeles de Son Armadans* [10]. En él, se intenta por primera vez una división de la obra de Goytisolo en tres etapas que alcanzan hasta principios de 1960. Martínez Cachero critica los frecuentes descuidos en el lenguaje y ataca al autor por su adhesión a los postulados del realismo; fija ya así algunos de los tópicos de la crítica que rechaza a Goytisolo por su ideología y por sus principios estéticos. Más adelante, en su libro *La novela española entre 1936 y 1969* [11], el propio Martínez Cachero insistirá en estas ideas.

---

[8] FERNANDO DÍAZ-PLAJA: «Náufragos en dos islas», en *Insula,* 227 (octubre 1967), p. 6.

[9] A. MARTÍNEZ ADELL: «Fiestas», en *Insula,* 145 (15 dic. 1958), p. 7.

[10] JOSÉ MARTÍNEZ CACHERO: «El novelista Juan Goytisolo», en *Papeles de Son Armadans,* 95 (feb. 1964).

[11] JOSÉ MARTÍNEZ CACHERO: *La novela española entre 1936 y 1969* (Madrid: Castalia, 1973).

Fue José María Castellet, en 1961, el primero en señalar abiertamente los esfuerzos innovadores del autor dentro del panorama de la literatura española de posguerra. Castellet ha recibido sus novelas con intento de comprensión y entusiasmo. Goytisolo es, para este crítico, uno de los pocos novelistas que escribe «según las preocupaciones técnicas y las temáticas de nuestros días» [12].

Castellet advierte los defectos de las primeras novelas, pero trata de estudiar sobre todo las causas que originaron sus peculiaridades. Más recientemente, su prólogo a la versión francesa de *Reivindicación del conde don Julián* es un intento importante de situar esta novela en el conjunto de la literatura moderna. En su estudio, Goytisolo cobra el carácter de un innovador importante en cuanto a las ideas sobre España, la estructura novelística y el lenguaje. La última obra de Goytisolo le parece un ejemplo de «écriture totalement ouverte».

Las dos últimas novelas han originado buen número de reseñas que no merece la pena destacar y algunos originales artículos. El artículo de Manuel Durán, «El lenguaje de Juan Goytisolo» [13], contiene un estudio sobre el estilo de *Reivindicación del conde don Julián*. Durán divide el lenguaje de la novela en siete clases ordenadas de «más frías a más cálidas»: estilo escueto de inventario; estilo de clasificación científica; textos literarios puestos como epígrafes; monólogo interior; parodias del lenguaje hablado y literario; monólogo «exaltado discursivo efusivo» y monólogo interior totalmente delirante. Señala también que Goytisolo, con esta novela, se ha convertido en uno de los grandes estilistas de la literatura española.

Kessel Schwartz, en «Juan Goytisolo: Cultural Constraints and the Historical Vindication of Count Julián» [14], intenta un análisis de algunos episodios y símbolos de la novela desde un punto de vista freudiano. También se refiere al significado

---

[12] José María Castellet: «Juan Goytisolo y la novela española actual», en *La Torre*, 33 (en.-mar. 1961), p. 133.

[13] Manuel Durán: «El lenguaje de Juan Goytisolo», en *Cuadernos Americanos* (nov.-dic. 1970), pp. 167-179.

[14] Kessel Schwartz: «Juan Goytisolo, Cultural Contraints and the Historical Vindication of Count Julián», en *Hispania,* 54 (dic. 1971).

que tiene la condenación de la España tradicional que Goytisolo emprende en el libro.

Interés especial tienen dos entrevistas del autor. Una es la mantenida con Emir Rodríguez Monegal, «Juan Goytisolo. Destrucción de la España sagrada» [15]; en ella, el propio Goytisolo hace un autoanálisis de su obra hasta *Señas de identidad*. En la otra, «El común denominador de todas las rebeliones particulares» [16], efectuadas por Marvel Moreno, el escritor expone sus opiniones con relación a diversos temas: la lingüística, la narrativa hispanoamericana, etc.

Unas palabras son necesarias sobre los artículos de periódicos aparecidos en la prensa española con el propósito de atacar a Goytisolo por sus ideas y por sus opiniones políticas. Estos artículos sirven para completar nuestra visión total de Goytisolo, en especial de su pensamiento sobre la situación de España. Las copias de esos artículos se hallan en el archivo de la Murgar Memorial Library.

En los últimos años ha habido bastante actividad en las universidades americanas en torno a Goytisolo, cuyo resultado ha sido un grupo de meritorias tesis doctorales, todas las cuales tienen algún punto de vista aprovechable. Cito las más importantes por orden cronológico: «Pessimism in the Novels of Juan Goytisolo» [17], de James Larkins; «The Novelistic World of Juan Goytisolo» [18], de Gene Steven Forrest; «An Analysis of the Narrative Techniques of Juan Goytisolo» [19], de Robert Gordon, y «Aspects of Alienation in the Novels of Juan Goytisolo» [20], de Randolph Cox. Merece destacarse la de Gene Steven Forrest, en especial la sección dedicada al estudio de la técnica

---

[15] EMIR RODRÍGUEZ MONEGAL: «Juan Goytisolo. Destrucción de la España sagrada», en *Mundo nuevo*, 12 (jun. 1967), pp. 44-60.

[16] MARVEL MORENO: «El común denominador de todas las rebeliones particulares», en *Siempre*, 1061 (14 oct. 1973), pp. VI, VII y VIII.

[17] JAMES LARKINS: «Pessimism in the Novels of Juan Goytisolo». Tesis doctoral, Ohio University, 1966.

[18] GENE STEVEN FORREST: «The Novelistic World of Juan Goytisolo». Tesis doctoral, Vanderbilt University, 1969.

[19] ROBERT GORDON: «An Analysis of the Narrative Techniques of Juan Goytisolo». Tesis doctoral, University of Colorado 1971.

[20] RANDOLPH COX: «Aspects of Alienation in the Novels of Juan Goytisolo». Tesis doctoral, University of Wisconsin, 1972.

de *Señas de identidad,* que es uno de los más completos hasta el momento. Forrest estudia, sobre todo, la estructura de la novela hecha de *collages* de materiales diversos, la función del tiempo concebido como *durée réelle* y las características de los narradores y el lenguaje.

A través del análisis de la biliografía crítica pueden advertirse algunos logros positivos; pero también puede notarse una ausencia de estudios abarcadores que expliquen de un modo total algún aspecto particular de la obra de Goytisolo utilizando todas sus novelas, su importante obra crítica y el análisis de libros nunca o raramente tratados hasta ahora tanto dentro como fuera de España.

El presente trabajo está organizado en torno a las ideas de Goytisolo con respecto a España por considerar que la actitud que el autor adopta con respecto a su país es el aspecto determinante y decisivo de su obra. Goytisolo escribe por y para entender y criticar a la sociedad española.

Coincidiendo con su preocupación por España está el proceso de la evolución constante de sus ideas novelísticas en busca de un instrumento nuevo más eficaz e incisivo. En este aspecto sobresale por encima de los otros escritores españoles de la posguerra.

Mi trabajo es fiel a esta evolución; lo he estructurado de una manera que se ajusta al proceso de crecimiento de la obra de Goytisolo. El propio escritor ha indicado la gran importancia que tiene este proceso. De acuerdo con esto, divido su obra en tres períodos [21]. El primero, *Primera crítica de España,* comprende las obras escritas entre 1949 y 1958. En él, el autor pone de manifiesto su rechazo de la sociedad española todavía en términos subjetivos y poco clarificados e inicia su camino hacia el realismo objetivo.

El segundo período, *Testimonio de España,* incluye las no-

---

[21] Otros críticos han ensayado otras divisiones: Véanse José MARTÍNEZ CACHERO: *art. cit.;* J. F. CIRRE: «Novela e ideología en Juan Goytisolo», en *Insula,* 230 (en. 1966), pp. 1 y 12; RAMÓN BUCKLEY: *op. cit.;* GONZALO SOBEJANO: *Novela española de nuestro tiempo* (Madrid: Prensa española, 1970); SANTOS SANZ VILLANUEVA: *Tendencias de la novela española actual* (Madrid: Cuadernos para el diálogo, 1972).

velas escritas entre 1958 y 1962. Goytisolo extrema su visión crítica de España y logra un objetivismo casi total, documental y fotográfico.

El tercer período, *Demitificación de España,* abarca los años comprendidos entre 1962 y 1975. Se caracteriza por la destrucción de los valores tradicionales de España y la aspiración a nuevas vías y métodos formales de expresión.

Espero que este trabajo contribuya a un acercamiento más justo y adecuado a este escritor, cuya obra, a veces amarga y difícil, sobresale de manera especial, por su penetración y originalidad, en la literatura española contemporánea.

Esta obra fue presentada como tesis doctoral en el año 1975 en la University of California en Los Angeles. Para su publición he hecho algunas modificaciones no sustanciales. La más importante es la inclusión del último capítulo dedicado a *Juan sin tierra.* Cuando preparé la tesis aún no había aparecido la última novela de Goytisolo y no pude, por consiguiente, incorporarla a mi estudio.

Quisiera señalar mi agradecimiento especial a Rubén Benítez, profesor y amigo, por las ideas y orientación que me dio con paciente constancia en la preparación de la obra. También les estoy agradecido al profesor José Rubia Barcia por sus agudas observaciones críticas; a Carlos Otero por nuestras conversaciones lingüísticas y no lingüísticas; a la que ahora es mi mujer, Susan Plann, por su infatigable apoyo en los momentos más difíciles; y al Department of Spanish and Portuguese de la University of California en Los Angeles, que me acogió en un momento de mi vida en que, recién salido de la universidad, no pude encontrar en mi país el estímulo necesario para desarrollarme humana y profesionalmente.

BREVE NOTA BIOGRAFICA

Creo conveniente indicar algunos datos biográficos de Juan Goytisolo poco conocidos hasta hoy. El mismo novelista me ha proporcionado muchos de esos datos y ha corregido otros provinientes de fuentes diversas.

Juan Goytisolo nació en Barcelona el 5 de enero de 1931. La guerra civil española trastornó considerablemente su vida familiar. Su padre, gerente de una fábrica de colas y abonos químicos, fue detenido por miembros del partido de la FAI y liberado más tarde por el gobierno republicano. La casa de campo familiar fue convertida en una escuela para niños refugiados del País Vasco. A fines de 1936, Goytisolo se traslada con sus padres y hermanos al pueblo de Viladrau, cerca del Montseny, donde su padre se cura de una pleuresía contraída en la prisión. Su madre viaja desde allí a Barcelona con regularidad para visitar a sus abuelos. En uno de sus viajes, en marzo de 1938, muere como consecuencia de un bombardeo aéreo. Goytisolo permanece el resto de la guerra civil en Viladrau en condiciones inciertas y difíciles. La guerra civil, que ha vivido desde niño con tanta intensidad, dejará una huella profundísima en su vida, como ocurrió también en el caso de sus compañeros de generación literaria.

Al terminar la guerra civil, la familia de Goytisolo regresa a Barcelona. Con ello —como explicará más tarde el novelista en *Pueblo en marcha*— recobra la vida anterior y su privile-

giada posición de integrante de una familia burguesa acomodada. Su tío abuelo, Ramón Vives, fue el traductor de Omar
Khayyán al catalán. Su madre tenía una excelente bilioteca que
incluía a numerosos autores extranjeros, sobre todo a novelistas:
Dostoievski, Tolstoi, Flaubert, Proust, Gide. Goytisolo lee de
manera precoz las obras de estos autores y obtiene de ellos
inspiración para sus primeros intentos literarios. El propio autor
aludirá a los «cuentos y poemas escritos por mí cuando tenía
seis años» y a las «como treinta novelas» escritas entre los once
y los quince años [1].

Mientras tanto estudia el bachillerato con los jesuitas y
en 1948 ingresa en la Facultad de Derecho de Barcelona, donde
cursa, hasta 1952, los primeros años de la carrera de Leyes, que
no terminará. En 1949, empieza a publicar sus primeras na-
rraciones cortas, entre ellas, «Los sueños», «El ladrón» y «El
perro asirio», aparecidas en su mayoría en la revista *Destino*
de Barcelona entre 1949 y 1952. En 1952 se le concede el
Premio Joven de Literatura de la Editorial Janés por la novela
(sólo parcialmente publicada) *El mundo de los espejos*. Por
esos años, Goytisolo forma parte de una tertulia literaria que
tenía como centro de reunión el café Turia de Barcelona, con
Ana María Matute, Mario Lacruz, Luis Carandell y otros escritores jóvenes. Autor precoz, publica en 1954, a los 23 años,
la novela *Juegos de manos* y, al año siguiente, una de las mejores novelas de su primer período, *Duelo en el paraíso*.

En los años de Universidad, Goytisolo anda a la búsqueda
de nuevos valores, una vez destruidos o no compartidos por él
los valores familiares y educacionales heredados. El mismo habla en *Pueblo en marcha* de esta época difícil: «fueron años
ingratos de vacilaciones y dudas entregados a una minuciosa
tarea de derribo y liquidación» [2]. Su juventud universitaria,
turbulenta y áspera, no difiere de la vida de otros muchos
jóvenes españoles de posguerra. Su interés por la política empieza a despertarse en 1954 y se consolida a partir de 1956,
a raíz de los primeros movimientos estudiantiles de la Univer-

---

[1] MARVEL MORENO: *op. cit.*, p. VI.
[2] JUAN GOYTISOLO: *Pueblo en marcha* (Montevideo: Libros de la
pupila, 1969), p. 13.

sidad de Barcelona. No abandonará ya nunca su inquietud y su afición política, que adoptará, eso sí, otras formas, en un constante proceso de evolución y de enriquecimiento.

1956 es un año decisivo. En ese año, resuelve cortar las ligaduras que le ataban a su país y marcha a París. El mismo Goytisolo ha subrayado la importancia decisiva de su alejamiento: «No tengo la menor duda de que si hubiese permanecido en España no hubiese podido escribir ni realizar lo que he hecho fuera. Por una razón muy simple: es tal la atmósfera de frustración que hay en el país, las cortapisas que impiden la circulación de un pensamiento libre, de contactos con las corrientes políticas, estéticas, que uno se encuentra ahogado por un conformismo espantoso en todos los dominios»[3]. Va a París con las manos vacías, sin amigos y sin dinero, alentado tan sólo con la idea de liberarse del ambiente español y con el propósito de encontrar perspectivas vitales e intelectuales más amplias. Se ocupa de trabajos humildes —entre ellos el de mozo de un hotel— hasta que obtiene el puesto de asesor literario de la Editorial Gallimard.

A partir de este exilio, doloroso aunque voluntario, su obra experimenta un cambio significativo en cuanto a su contenido y a su difusión fuera de España. El tono de las novelas se torna más agresivo; la intención política más directa. Comienza la traducción de sus novelas a varios idiomas; el mismo novelista actúa, desde su cargo en la Editorial, como intermediario eficaz de la joven literatura española en Europa.

El exilio ha tenido diversas consecuencias positivas. Goytisolo ha viajado por Europa y por Estados Unidos y ha ampliado horizontes. No pierde, sin embargo, la nostalgia por la tierra abandonada, tan presente en toda su obra. Reside habitualmente en París desde 1956. Desde allí, se irradia su prestigio a otras partes del mundo. Sus novelas se editan en varios países y se traducen a la mayoría de las lenguas modernas. Goytisolo se asocia con escritores europeos y americanos y forma parte de la vanguardia intelectual del mundo hispánico. Su nombre aparece en las más variadas actividades intelectuales y en numerosos congresos internacionales de escritores. En Estados Unidos

---

[3] MARVEL MORENO: *supra,* p. VI.

2

ha dictado cursos de literatura en varias universidades (Boston, Nueva York, Californa, Pittsburgh, etc.).

Contrasta con ese interés internacional el hasta ahora escaso conocimiento de la obra de Goytisolo en España. Bastantes libros suyos —entre ellos los más importantes— habían sido prohibidos por la censura. Los críticos y los medios de difusión, fieles a la ideología oficial, silenciaron durante muchos años significativamente esa obra o la ignoraron por completo. Otros libros suyos son todavía difíciles de obtener y, a veces, sólo conocidos por referencias superficiales. No obstante estos deliberados obstáculos, Goytisolo ejerce una influencia constante y cada libro suyo suscita un creciente interés.

CLASIFICACION DE LAS OBRAS DE GOYTISOLO

PRIMER PERÍODO: Primera crítica de España (1949-1958). Colección de cuentos de la Murgar Memorial Library

> *Juegos de manos.*
> *Duelo en el paraíso.*
> *El circo.*
> *Fiestas.*
> *La resaca.*

SEGUNDO PERÍODO: Testimonio de España (1958-1962)

> *Problemas de la novela.*
> *Campos de Níjar.*
> *Para vivir aquí.*
> *La isla.*
> *Fin de fiesta.*
> *La Chanca.*
> *Pueblo en marcha.*

TERCER PERÍODO: Demitificación de España (1962-1975)

> *El furgón de cola.*
> *Señas de identidad.*
> *Reivindicación del conde don Julián.*
> *Obra inglesa de don José María Blanco White.*
> *Juan sin tierra.*

PRIMERA CRITICA DE ESPAÑA

1.—La visión de España

La visión que Goytisolo tiene de España no está expuesta de manera ordenada y completa. No se halla recogida en una sola obra de carácter comprensivo. Se encuentra dispersa en sus novelas; concretada en la conducta y actitudes varias de sus personajes que expresan o *actúan* las ideas del novelista. Por eso, es conveniente reunir al principio de este estudio las características básicas de la concepción de España propia de Goytisolo para ver luego con más atención el modo como se realiza en su obra creativa.

El tema de España no es nuevo en la literatura española. España ha sido tema importante en la obra de los autores más destacados de todos los tiempos; ha interesado al escritor y al intelectual. En especial ha interesado al novelista, ya que la novela es el género que mejor se adapta a la captación de la sociedad, de sus características y problemas. La obra de los mejores novelistas del XIX, el gran siglo de la novela, gira en torno a la sociedad del país, de sus hombres y de sus conflictos y tensiones.

Goytisolo no inicia, pues, una tendencia sino que la continúa; en muchos aspectos va a llevarla aún más lejos que los demás. En realidad, tratará de incorporar a sus libros las partes que considera más válidas de esta reflexión en torno a España, propia de los autores del pasado; la profundizará y adaptará a la situación contemporánea.

Los críticos que han estudiado el tema de España, desde

Angel del Río[1] y Dolores Franco[2] a Pablo Gil Casado[3], entre
otros, están de acuerdo en señalar sus antecedentes en los siglos clásicos. En el momento en que la grandeza supuestamente
insuperable del país empieza a manifestar los primeros indicios
de debilidad en Europa, la voz de los escritores de la época empieza a hacerse eco de esta primera inquietud: se revela en los
versos doloroidos de Cervantes desde el cautiverio de Argel, en
los de Quevedo ante los muros de la patria cansados «de la
carrera de la edad» o en las alarmadas palabras de Saavedra
Fajardo.

A medida que la decadencia se hace mayor y más patente,
el tema irá apareciendo con más frecuencia y con tonos más
sombríos en nuestros escritores. El XVIII oirá las voces críticas
de Cadalso, Jovellanos o Moratín.

Con el siglo XIX, como ya se ha dicho, la cuestión se agudiza
y se vuelve política[4]. Las opiniones se dividen y las posiciones
se hacen más irreconciliables. Junto a los que defienden la
tradición, como Jaime Balmes, Donoso Cortés y Menéndez Pelayo están los que propugnan la necesidad imperiosa de cambiar: Larra, Joaquín Costa, el primer 98. Al mismo tiempo se
dan posturas de transigencia como las de Galdós y Giner de
los Ríos. El siglo XX seguirá estas mismas líneas (Maeztu, Ortega, Azaña) hasta el advenimiento de la guerra civil. España
penetra en los ensayos, novelas y libros de crítica de todos estos autores para convertirse en algunos de ellos en el elemento
más esencial.

Goytisolo se encuentra, por tanto, con este largo proceso
histórico del pensamiento en torno a España; toma conciencia
de él y de la importancia de sus aportaciones. El tema de España se da en este autor de acuerdo con unas características similares a las de otros escritores de distintos períodos de la historia de la literatura. Sin embargo, se advierten en él al mismo

---

[1] ANGEL DEL RÍO y MAIR JOSÉ BERNADETE: *El concepto contemporáneo de España* (Nueva York: Las Américas, 1962).
[2] DOLORES FRANCO: *España como preocupación* (Madrid: Guadarrama, 1960).
[3] PABLO GIL CASADO: *op. cit.*
[4] Véase ANGEL DE Río, pp. 17 y ss.

tiempo algunas diferencias importantes que contribuyen a la peculiaridad y la originalidad de su visión.

Todos los escritores interesados en España conciben el tema como problema, como dolor y preocupación. No adoptan una actitud de alabanza y defensa de la patria, sino de meditación en torno a sus defectos o de ataque más o menos duro contra ellos. El proceso es en general idéntico: primero contemplan la triste situación del presente del país; luego la comparan con la grandeza del pasado o con el estado más avanzado de otras naciones europeas. Como consecuencia, se produce la actitud de desánimo y de dolor que se refleja en la obra del escritor. Esta reflexión sobre el propio país, concebida como problematismo, parece ser más abundante en la literatura española que en la de otras naciones europeas; produce un tono de «angustia vital e íntima» muy típico de nuestra literatura [5].

Esta actitud de pesimismo se remonta hasta la picaresca y alcanza hasta nuestro siglo; se halla en las páginas amargas de Clarín (su descripción de Vetusta, por ejemplo), en las de Baroja *(El árbol de la ciencia)* o en *La España invertebrada,* de Ortega y Gasset. La novela social de posguerra es también pesimista con respecto al futuro del país. El novelista, impulsado por sus ideas progresivas, quisiera creer en las posibilidades de reforma de la sociedad, pero la realidad le impone otras verdades.

En Goytisolo encontramos también esta preocupación por España. Al principio es malestar profundo ante la sociedad española. Progresivamente este sentimiento se va convirtiendo en dolor y exasperación totales. Con el tiempo se transforma en una especie de obsesión que penetra sus libros.

El pesimismo predomina también en su obra desde su primera novela y se hace, poco a poco, más profundo y absoluto hasta estallar en una explosión de desesperación incontenida. La falta de confianza en la solución de los males del país está motivada por la observación y el análisis de la historia española. Al estudiarla, el autor ve que la falta de libertad, la injusticia, la intolerancia son problemas permanentes de España. Por otra

---

[5] DOLORES FRANCO, p. 19.

parte advierte que se han oído con total indiferencia las voces que pretendían encontrar remedios adecuados.

La desesperanza conduce a la ruptura: el autor marcha al exilio para no regresar ya más de manera activa al país. El exilio tiene consecuencias decisivas para su visión de España. La distancia con respecto a los problemas y la posibilidad de un desapasionamiento en los juicios le proporciona enfoques más exactos. El autor puede contrastar, además, el panorama español con otros contextos nacionales, con lo que sus observaciones resultan así dotadas de una mayor variedad y penetración.

Al mismo tiempo la separación concluye en el desarraigo. El autor corta los impulsos de nostalgia que pudieran unirle emocionalmente al país abandonado; da así una visión meramente analítica de España. Puede verse en esta actitud frialdad y desapego. En más de una ocasión su crítica va acompañada de desprecio. El autor no encuentra hechos positivos con los que identificarse y rechaza lo español por completo.

Falta en Goytisolo la valoración de los logros de España que otros pensadores del pasado, como Ortega y los escritores del 98, oponen a los males presentes: las grandes realizaciones artísticas, la civilización en Hispanoamérica, la «media docena de lugares donde la pobre víscera cordial de nuestra raza da sus puros e intensos latidos» [6]. Sin embargo, esta misma ausencia de un contrapeso equilibrador dota a su crítica de mayor fuerza y un más profundo tono de desengaño.

En casi todos los autores la crítica de España lleva como contrapartida un claro amor al país. En realidad la crítica está producida por ese mismo amor; a todos les mueve un deseo de mejorar los males que observan preocupadamente: «todos esos hombres que parten de tan diversas encrucijadas y toman actitudes tan distintas, que niegan o afirman, van unidos por una última e íntima pasión española que hace de su desasosiego un motivo artístico y llega a convertirlo en un 'cauterio suave' del que no querrían prescindir aunque los llaga» [7].

La relación del escritor con respecto a su patria se estable-

---

[6] JOSÉ ORTEGA Y GASSET: *Obras completas* (Madrid: Revista de Occidente, 1961), p. II.

[7] Véase DOLORES FRANCO, p. 22.

ce en términos de contradicción desgarradora que en algunos casos puede desencadenar alternativas trágicas (Larra, Ganivet). Sin embargo, en todos estos autores el amor a España acaba prevaleciendo sobre el disgusto o el dolor. En muchos de ellos la imagen de España (sus paisajes, sus costumbres, sus gentes) quedará embellecida y cobrará dimensiones nuevas gracias a la mirada original del artista.

La obra de Goytisolo participa de esta misma realidad contradictoria. Pero la contradicción se extrema; deviene tensión insostenible entre el amor y el odio que rompe toda posibilidad de equilibrio, de solución. En sus libros este último sentimiento será al final más poderoso y acabará dominando el impulso inicial que le movía a escribir sobre la triste suerte de los hombres y de las tierras de España. La crítica de la España tradicional se hará cada vez más directa y violenta. Su obra se convertirá así en un ataque total y sistemático contra esa imagen de España. No creo que se encuentre en la literatura española otro ataque que se le pueda equiparar por su alcance y su dureza.

El interés por España propio de los escritores españoles es más bien una meditación que una búsqueda o proposición de soluciones prácticas de carácter económico o social. El escritor ve los problemas de España y encuentra sus causas principales en un proceso secular de crisis de valores vitales y espirituales; en la ausencia de ideas y de modos de vida realmente válidos para una convivencia nacional efectiva. Algunos se aventuran a veces en el área de lo político, pero, en general, el propósito de la mayoría se coloca en una esfera cultural y literaria. La novela social, tanto la anterior como la posterior a la guerra civil, muestra un interés mucho mayor por lo inmediato [8]; en especial por encontrar métodos con los que resolver la injusta situación de los hombres más desfavorecidos por la sociedad.

La obra de Goytisolo se inserta en un principio en esta tendencia. Todos sus libros aspiran a contribuir a la transformación del estado político y social de España. Algunos se asemejan más a tratados económico-sociales que a obras literarias. El autor escribe además ensayos diversos que están al margen de

---

[8] Véase PABLO GIL CASADO, pp. 91-106 *et passim*.

la literatura; los mueve solamente una intención política. Sin embargo, la labor de Goytisolo no se dirige a la solución de los problemas educacionales y morales del individuo como ocurría, por ejemplo, con la Institución Libre de Enseñanza. La generación a la que pertenece el autor es más impaciente y revolucionaria. Goytisolo defiende con sus compañeros un fin primordial: la eliminación del sistema. Sólo entonces se podrá proceder a atender de manera efectiva a todas las necesidades e injusticias.

La visión que Goytisolo tiene de España no es fija; abarca otras áreas además de las político-sociales inmediatas. En un movimiento pendular su obra de los últimos años se ha movido de manera decisiva hacia lo cultural. El autor irá viendo progresivamente a España con una entidad cultural enferma. Se planteará el significado de lo que es ser español y encontrará las raíces de los españoles y de la *españolidad* no sólo en el presente sino en la historia. Sus libros irán tomando el carácter de una reflexión total sobre España: «en vez de preguntar qué nos pasa, se preguntará qué somos, qué es España y qué es ser español. No se plantearán problemas españoles; se sentirá a España misma como problema; problema su pasado y su futuro, lo que ha sido y lo que puede esperar, el sentido de su historia y su realidad presente y palpitante de cada hora» [9].

Este análisis tiene también rasgos diferenciales con respecto a los precedentes. El autor tiene más desconfianza en las posibilidades de una auténtica renovación de España. No cree ya tanto en el poder de las palabras y de las ideas; sabe que a pesar de las bellas y certeras elucubraciones de otros escritores del pasado, el país acabó abismándose en la guerra civil más trágica de toda su historia. Por ello la mesura cede paso al grito desgarrado y la advertencia a la burla y la violencia verbal. Todo ello no encierra sino la decepción y el desconsuelo ante la impotencia para cambiar el destino español.

La reflexión sobre España ha solido concluir en la necesidad de rechazar un pasado que se juzga paralizante, frustrador. Ya Ortega y Gasset lo determinó de manera concluyente: «No,

---

[9] DOLORES FRANCO, p. 21.

no podemos seguir la tradición; todo lo contrario: tenemos que ir contra la tradición, más allá de la tradición» [10].

Goytisolo rechaza también el pasado tradicional. Lleva también esta tendencia al extremo. No hay posibilidad de reconciliación entre las dos Españas. El rechazo de lo tradicional es absoluto, sin posibilidad de recuperación. La historia le ha enseñado la ausencia total de generosidad y de comprensión de la España tradicional frente a la España progresiva. Habrá que responder, por tanto, en forma parecida. Su visión se cubre de tonos aún más sombríos. La historia parece indicar la fatalidad de los enfrentamientos implacables de la sociedad española. Desde esta perspectiva el escritor se instala en una posición de rebeldía insobornable, de afirmación absoluta de su individualidad frente a todos los valores establecidos de España.

---

[10] JOSÉ ORTEGA Y GASSET: *Obras completas,* II.

2.—El realismo del primer período

En el primer período (1952-1958) Goytisolo escribe cinco novelas: *Juegos de manos, Duelo en el paraíso, El circo, Fiestas* y *La resaca*.

Goytisolo escribe estas novelas cuando no ha cumplido los treinta años. Es, por tanto, un autor extraordinariamente joven que no ha asimilado ni madurado aún sus lecturas ni ha completado su formación autodidáctica y desorganizada, como forzosamente ha debido ser la de la mayor parte de los españoles de posguerra. De ahí que se note en estas novelas la inexperiencia y la falta de autenticidad que algunos críticos han observado[1]. El mismo Goytisolo hace, años después, la autocrítica de este período: «se advierte en ellas una serie de lecturas no digeridas aún, una cierta facilidad de imaginación que lleva a escribir conforme a determinados modelos novelescos. Hay asimismo un gran apresuramiento en la construcción de estas novelas, que hace que el edificio quede más o menos bien, pero que no sea auténtico. Y, sobre todo, un predominio excesivo de las influencias librescas sobre las literarias»[2].

Estas novelas son, sin embargo, importantes para entender mejor la obra de Goytisolo en su totalidad. Tienen interés en cuanto que nos revelan una etapa de la evolución del proceso creador del autor. Además, a pesar de encontrarse inmersas en los problemas formales y temáticos propios de la época, tienen características peculiares que les confieren una personalidad

---

[1] Véanse EUGENIO G. DE NORA, pp. 317-318; PABLO GIL CASADO, páginas 168, 373.

[2] EMIR RODRÍGUEZ MONEGAL, p. 45.

propia. Su interés reside más en el contenido que en la forma. Se hace patente en ellas una preocupación más por lo que se dice que por cómo se dice. Goytisolo escribe en estos años espontáneamente, en forma intuitiva y rápida, sin una concepción demasiado elaborada del arte novelístico. A pesar de algunas innovaciones, sus obras responden a ideas y técnicas de corte tradicional.

Estas primeras novelas de Goytisolo quedan incluidas, por su contenido y aspiraciones formales, dentro de la novela social. De todas las definiciones existentes en torno a este tipo de novela, la de Pablo Gil Casado parece la más adecuada: «una novela es social únicamente cuando *señala* la injusticia, la desigualdad, el anquilosamiento que existen en la sociedad y, con propósito de *crítica* muestra cómo se manifiesta en la *realidad,* en un sector o en la totalidad de la vida nacional»[3].

Desde *Juegos de manos* Goytisolo se propone criticar diversos aspectos de la sociedad española: las consecuencias de la guerra civil, la injusticia o la alienación que padecen sus integrantes. Goytisolo pertenece a la generación del medio siglo. Es la generación de Jesús Fernández Santos, Antonio Ferres, Juan Marsé, Luis Martín Santos. Como ellos, considera una actitud de compromiso con las circunstancias del país como absolutamente imperativa para el novelista. Lo importante debe ser el mundo exterior al autor que deberá tratar de denunciar los males de los cuales es testigo. Las novelas de los compañeros de generación de Goytisolo están escritas bajo este signo. Las obras escritas por estos escritores en la década de los cincuenta son buenos ejemplos: en ellas se encuentran expuestos los problemas de los españoles más desfavorecidos por las circunstancias de la sociedad de la posguerra.

Sin embargo, en las novelas de Goytisolo de este período, junto al propósito social, de captación del mundo exterior, se advierte la presencia constante del mundo personal del autor.

Esta tensión entre el mundo externo y el íntimo del novelista es importante. Para Ramón Buckley, la tensión se mantiene siempre en los términos de una contradicción insoluble: «exis-

---

3 PABLO GIL CASADO, p. 19.

te, por tanto, una íntima contradicción entre el Goytisolo crítico que propugna la objetividad, el 'posible-posible' y el Goytisolo novelista que nos ofrece una realidad subjetiva, deformada,
'posible-imposible'»[4]. Parecida oposición han visto otros críticos, como José Luis Cano[5], José Francisco Cirre[6] y Eugenio
G. de Nora[7]. Para Nora es la falta de vivencias del autor lo
que origina que su mundo interior sobrepase, y aun desborde,
el pretendido propósito de reflejar los problemas de la sociedad
en torno.

Hay, además, otro factor importante. Cuando Goytisolo escribe estas novelas está muy cerca todavía, cronológica y emocionalmente, de una infancia sacudida por la guerra y de una
adolescencia confusa y turbulenta. Su máxima preocupación en
ese momento es dar forma corpórea a todos los «fantasmas»
de su mente con el objeto de liberarse de ellos. Es, pues, natural que estas obras, resultado de un largo y doloroso proceso
de introversión y de análisis interno, reflejen los problemas
íntimos del autor con mayor intensidad que los de la sociedad.
Esto no quiere decir que el elemento social, testimonial y didáctico no esté presente en la obra. Todo lo contrario. Muchas
páginas de estas novelas constituyen buenos documentos revela-
dores de la vida del país. *La resaca* y *Fiestas* son testimonios
de los suburbios de Barcelona que se aproximan bastante a los
deseos de objetividad del autor. Pero en ambas novelas, como
en las restantes del período, el autor, obsesionado por sus crisis psicológicas de la infancia y la adolescencia, aparece, una y
otra vez, y acaba por alejarse del compromiso social que inicial-
mente se había propuesto. El propio Goytisolo lo reconoce así:
«exponía una serie de preocupaciones que me atormentaban o
que me habían atormentado en la niñez o adolescencia, pero
lo hacía con un desconocimiento bastante flagrante de la realidad exterior, de lo que me rodeaba»[8].

---

[4] RAMÓN BUCKLEY, p. 147.
[5] JOSÉ LUIS CANO: «Tres novelas», en *Insula*, 136 (15 mar. 1958),
página 7.
[6] JOSÉ FRANCISCO CIRRE: *art. cit.*
[7] NORA, pp. 318-319.
[8] MONEGAL, p. 46.

Goytisolo es además un escritor y no un hombre activo en política; no puede limitarse a mantener en su obra una postura de optimismo ante los problemas nacionales por simples razones tácticas. La contradicción existente entre el concepto ideal de lo que España debiera ser y lo que en realidad es se revela como demasiado dolorosa para que pueda excluirla de su pensamiento y de sus obras. Si en las novelas aparecen nombres vencidos y fracasados o si el pueblo se nos presenta en una actitud de indiferencia política casi total, es porque ésa es la situación en la que considera se encuentra el hombre español.

Sólo más tarde, en el segundo período consigue *abrir* Goytisolo de forma total sus novelas al mundo en torno. De momento, se mantendrá la tensión entre el yo y el mundo exterior: el autor no podrá escapar a la presión del yo abrumado por el dolor y el desasosiego de una existencia desgarrada y al mismo tiempo querrá contribuir con su obra a remediar la injusticia. Esa tensión entre lo subjetivo y lo externo se parece al conflicto que ha preocupado a numerosos escritores del siglo XX. Goytisolo va a vivir el conflicto con especial pasión y autenticidad que le harán destacarse del resto de los escritores españoles del momento.

Con relación al contenido estas novelas responden, en principio, a las directrices de compromiso que advoca la novela social. Lo mismo ocurre con la forma. El modo novelístico de los escritores de la generación del medio siglo es el realismo. Tanto los escritores como sus críticos así lo reconocen. Para José Manuel Caballero Bonald «la realidad española está al alcance de todo aquel que quiera mirarla y comprenderla. He tratado de reflejar esta realidad con la mayor objetividad posible» [9]. Armando López Salinas reconoce: «el servicio que puedo prestar a los otros hombres de mi país es el de desvelar las relaciones sociales y mostrar el mundo tal como creo que es» [10]. Alfonso Grosso dice que «ante el debatido tema del realismo lo único que puedo confesarme es realista» [11]. Entre

---

[9] Véase JOSÉ CORRALES EGEA, p. 61.
[10] Véase *Ibid.* p. 62.
[11] Véase ANTONIO NÚÑEZ: «Encuentro con Alfonso Grosso», en *Insula,* 232 (mar. 1966), p. 4.

los críticos, tanto los que están a favor del realismo (Gil Casado) como los que están en contra (Martínez Cachero), están de acuerdo en considerarlo como el modo narrativo imperante. Los novelistas equiparan el *engagement* con respecto a los temas tratados con el realismo en lo formal; según esto, no sería posible una actitud de compromiso sin una completa adhesión al realismo.

Pablo Gil Casado identifica en líneas generales el realismo de la novela social con el realismo socialista [12]. Esto es cierto en cuanto que la novela social sigue alguno de los postulados básicos propuestos por Bertolt Brecht en su importante tesis *El socialismo realista en el teatro* traducida parcialmente al inglés. Brecht dice: «a work of art, created on the model of socialist realism, reveals the dialectical laws of social development, the knowledge of which helps society to determine the fate of man. It offers the pleasure of discovering and observing the operation of these laws» [13].

La novela social pretende también revelar el mecanismo auténtico de las relaciones humanas de la sociedad española. Sin embargo, le faltan dos elementos que Brecht pedía de toda obra realista: una visión socialista de los problemas y de los enfrentamientos sociales y la necesidad —que debe ser visible en la obra— del advenimiento del socialismo. Las razones de esto son dos: la falta de información cultural que condujo al desconocimiento de la mayor parte de la literatura y de la crítica socialista y la labor de la censura que impedía drásticamente la publicación de novelas con un mensaje socialista.

El realismo español al modo en que lo buscan Goytisolo y su generación se entiende básicamente como reproducción exacta de la realidad con el objeto de corregir las deformaciones que ha venido sufriendo en la España oficial. Los novelistas, como ha observado Fernando Morán, consideraban que «la simple presentación de los hechos, realizada con la misma intensi-

---

[12] GIL CASADO, p. 29.
[13] J. FRADKIN: «On the Artistic Originality of Bertolt Brecht's Drama», en *Brecht: A Collection of Critical Essays*, ed. Peter Demetz (New Jersey: Prentice-Hall, 1962), pp. 97-105.

dad y ritmo como se presentaban en la vida cotidiana, bastaba para transmitir un mundo, e, incluso, su sentido»[14].

Un modo de este tipo de reproducción fiel y objetiva es la de buscar la ausencia del autor en la narración. De manera un tanto arbitraria se identifica la presencia del novelista en el libro con una concepción satisfecha y segura del mundo que el novelista no compartía ni podía compartir: si el autor juzga y define abiertamente a los personajes y los hechos es porque cree que la sociedad en que vive es estable y sus fundamentos inmutables. Se asocia, pues, omnipresencia con estabilidad burguesa. José María Castellet lo expresa de esta manera: «el punto de vista narrativo absoluto del escritor del siglo XIX no era sino la consecuencia de una concepción jerárquica y clasista del mundo y del más allá»[15]. El autor debe mostrar, por el contrario, la dialéctica cambiante de toda situación describiendo la realidad tal como se da en las oposiciones existentes en las relaciones sociales.

Por ello Goytisolo utiliza la tercera persona como único punto de vista. No hay experimentación con otras perspectivas. En alguna ocasión intenta brevemente algún otro enfoque por medio de la inclusión del diario personal de algún personaje o ensaya, de manera incipiente y tímida, con el monólogo interior. Sin embargo, se advierte que el autor no se encuentra cómodo con estos procedimientos.

Tampoco en este aspecto logra, sin embargo, Goytisolo su propósito de objetividad. En primer lugar el narrador es a menudo un narrador omnisciente; sabe todo acerca de la psicología y conducta de los personajes. Estos aparecen ante los ojos del lector a través del juicio o visión del novelista. Muchas veces los personajes son definidos de manera tajante, inconfundible: «Uribe tenía dinero, pero no andaba nunca sobrado. Dinero que se prestase a Paez era dinero perdido. No obstante, no se negaba. La mirada del adolescente era burlona. implacable. Sabía ir directo al objetivo» (*Juegos*, p. 132). En *Fiestas*,

---

[14] FERNANDO MORÁN: *Novela y semidesarrollo* (Madrid: Taurus, 1971), p. 315.

[15] JOSÉ MARÍA CASTELLET: *La hora del lector* (Barcelona: Seix y Barral, 1957), p. 33.

una de las novelas que cierra el período, sigue todavía presente esta tendencia. Así, los rasgos determinantes de la personalidad de Gorila se nos dan ya hechos, sin desarrollo o elaboración previas: «El Gorila hacía continuamente teatro y, a diferencia de los actores, acababa creyéndose los papeles. Las pantomimas que ensayaba ante los auditorios desconocidos concluían por afectarle» *(Fiestas, p. 101).*

En otras ocasiones el autor deja traslucir de forma obvia la piedad o la ternura que siente por sus personajes más queridos. Estos momentos suelen coincidir con los más logrados de las novelas, pero le alejan al mismo tiempo de la objetividad.

El interés de la novela social se encuentra, más que en la invención de grandes personajes provistos de una individualidad original y diferente, en la creación de personajes representativos o tipos. En esto se inspira directa o indirectamente en las ideas de Lukács. Para este crítico los mejores tipos novelescos son aquellos en los que «se encuentran los factores determinantes de un momento histórico particular en forma concentrada» [16]. Vautrin en Balzac y Sorel en Sthendal son los ejemplos más acabados. Pero la novela social no crea grandes tipos individuales que sobresalen de forma especial con relación a los otros del libro. Crea personajes colectivos, de modo que lo que destaca es el conjunto más que la individualidad.

Esto es lo que hace Goytisolo. En *Juegos de manos* se describe un grupo de adolescentes; en *Duelo en el paraíso,* un grupo de niños; en *Fiestas* y *La resaca,* la comunidad de los suburbios de una gran ciudad. Pero al mismo tiempo el autor crea personajes, producto de su imaginación, no reflejo de la sociedad. En algunos casos, estos personajes son incluso inverosímiles o reúnen características psicológicas desmesuradas hasta apartarlos de la realidad. Además, el tejido de relaciones humanas existentes entre ellos es a menudo fantástico o se atiene a una lógica poética, irreal. De nuevo la imaginación desborda el propósito realista inicial.

El lenguaje tiene una intención de concisión antirretórica.

---

[16] GEORG LUKÁCS: *The Meaning of Contemporary Realism* (Londres: Merlin Press, 1962), p. 122.

En algunos aspectos recuerda a Baroja. Sin embargo, el autor acaba por darle un tono emocionado y embellece la prosa con imágenes sugerentes y con un vocabulario de índole poética: «El buque recorría, indolente, las costas antillanas, con su espalda de gigante tostada por el sol. La Luisiana, Méjico, Centroamérica, y, por fin, Panamá. Cuando llegaron a Balboa, era la víspera de Carnaval y la ciudad se engalanaba febrilmente para los bailes y festejos. Había alquilado un coche de punto y recorrieron la ciudad de parte a parte. Anochecía y los farolillos de colores que emitían destellos de luciérnaga a lo largo de las calles ponían en el ambiente una nota irreal, casi fantástica» *(Duelo,* p. 141).

Al final del período el lenguaje se va despoetizando de manera progresiva. El estilo parece ahora deliberadamente sencillo, desprovisto de belleza. Compárese este fragmento de *La resaca* con el de *Duelo en el paraíso* reproducido más arriba: «Varios vecinos afirmaron haberlo visto borracho por las tabernas del Barrio Chino, durmiendo la mona en una nasa, a la sombra de los tinglados al final de las Ramblas, de palique, con una prostituta callejera. Lo único cierto era que el traje donado por los Padres se había esfumado con él y que, cuando al fin regresó, lo hizo ojeroso y sin un puto real en el bolsillo» *(La resaca,* p. 169). Se ha criticado a Goytisolo por esa prosa demasiado práctica y directa. Se han visto descuido estilístico e incorrecciones gramaticales en su estilo [17]. Es cierto; pero se ha olvidado, sin embargo, tener en cuenta que el propósito de información casi periodística hace que el estilo ocupe un segundo término. Por otra parte, el autor no sólo ha superado, con el tiempo, esa concepción de la lengua, sino que se ha convertido en un auténtico innovador del lenguaje literario.

Algunos críticos han censurado todas estas ambivalencias y contradicciones del autor por considerarlas inconsistentes. Sin embargo, creo que elementos como la inclusión del mundo íntimo del autor y la poetización del lenguaje son un contrapeso eficaz al mundo realista, sobrio y un tanto árido, de la novela

---

[17] Véanse, por ejemplo: JOSÉ MARTÍNEZ CACHERO: *art. cit.;* o más recientemente, RICARDO SENABRE: «Evolución de la novela de Juan Goytisolo», en *Reseña,* 41 (en. 1971), pp. 3-12.

social; lo embellecen y le dan tonos y perspectivas diferentes. *Fiestas* es de todas estas obras la que aglutina estas características de la manera más adecuada y completa. Por esa razón —además de por la belleza y fuerza de su contenido— es la que sobresale más de entre ellas.

La violencia tiene un papel importante en las cinco novelas. La tensión interna del autor provoca la ruptura de la conciencia unitaria, el yo dividido o *split ego* de la psicología moderna se manifiesta en la irrupción incontenible de la violencia. En *Duelo en el paraíso*, se nos presenta el asesinato de un niño inocente a manos de sus compañeros; en *Juegos de manos,* un joven de veinte años mata a su amigo; en *El circo,* un rico industrial muere a manos de dos jóvenes ladrones; en *Fiestas,* Gorila da muerte a su hija y a un policía; en *La resaca,* por último, la violencia es la norma habitual de conducta de la banda de muchachos de El Somorrostro. Esos asesinatos son cometidos sin motivos aparentes o en circunstancias que contribuyen a subrayar la crueldad inaudita o lo absurdo del crimen. La violencia es la respuesta del hombre al mundo injusto e inexplicable que ha producido la guerra y la miseria.

La violencia juega también un papel de importancia en la estructura de las primeras novelas. Los sucesos violentos corresponden al clímax de la obra. Sobrevienen de forma rápida e inesperada y le confieren un efectivo dramatismo que se mantiene *in crescendo* hasta el final. La narración, que hasta el momento del clímax se había ido desarrollando de manera lineal, sin grandes altibajos y de acuerdo con un *tempo* intermedio, ni lento ni rápido, se ve quebrada bruscamente por la irrupción del episodio violento. La intensidad emocional, que surge por sorpresa, se apodera del ánimo del lector y ya no le abandona hasta llegar a la última página del libro.

Este recurso aparece en todas las novelas hasta hacerse un tanto redundante. En *Juegos de manos, El circo, Fiestas* y *La resaca* el suceso violento se produce en el tercio último de la novela. En *Duelo en el paraíso* el proceso es a la inversa. El episodio (la muerte de Abel) nos es presentado al principio de modo escueto y breve; el resto de la novela se dedica a la explicación de las circunstancias y causas que lo originaron. El interés no reside en lo sorpresivo de la acción, sino en el análisis detenido y punzante de las causas y efectos de la guerra civil. Tiene más la estructura de una novela-ensayo que invita al lector a reflexionar sobre el tema central [18].

El papel de la violencia como elemento temático y estructural intensifica la concepción pesimista y angustiada del mundo propia de estas obras. Aun los personajes que se elevan sobre la mediocridad general son vistos a veces con parecido pesimismo: son seres anormales, mitad clarividentes, mitad locos, que aupados por el alcohol o por sus imposibles quimeras, se elevan por encima de la mezquina realidad del país o se colocan simplemente al margen de ella hasta caer irremisiblemente en la trampa de sus fantasías desbordadas.

Goytisolo nos niega sistemáticamente en sus novelas cualquier indicio de bienestar o de paz intelectual y moral que pudiera conducir a conclusiones confortantes o tranquilizadoras. Ausente está también de sus obras cualquier *héroe positivo* que, con su lucidez y energía, fuera susceptible de infundirnos confianza y fortaleza. El universo novelístico, hostil y turbulento, de las primeras obras es su reacción —más que una respuesta razonada y reflexiva— ante una sociedad y un mundo que permiten, y aun fomentan, la explotación y la destrucción del hombre por el hombre.

En realidad el espíritu de rebelión de Goytisolo es en su raíz última más de orden metafísico que social. Es cierto que se rebela contra las injusticias de la sociedad; pero al mismo tiempo lo hace sobre todo contra el Orden de las Cosas, contra el mundo en la forma en que se nos da hecho, contra el Dolor y el Absurdo de la vida. Como Malraux, Sartre o Dos Passos, va más allá de los males de la sociedad para tratar de ver las causas últimas de la infelicidad del hombre. Goytisolo no llegará, como esos escritores, a elaborar una concepción universal y sistemática del mundo y del hombre. Más que filósofo o pensador, acabará por sentirse crítico o ensayista de la concreta realidad española.

Estas novelas representan cuatro momentos o actitudes básicas del autor con respecto a España: la pérdida del paraíso;

---

[18] Véase JOSÉ MARÍA CASTELLET: *art. cit.*, p. 133.

la primera rebeldía; el compromiso político y la inadaptación. Estas actitudes se realizan o concretan en la personalidad y la conducta de los personajes. Estos no tienen una vida independiente y autónoma; son —todavía en exceso— espejo de las ideas y los sentimientos del novelista. A diferencia de las novelas posteriores, algunos de los temas capitales no están referidos a España; es decir, no se establece una relación de causa-efecto entre el problema humano tratado (la imposibilidad de la amistad auténtica, por ejemplo), con las circunstancias españolas. Sin embargo, España es, en realidad, el contexto humano, social y político que determina la vida rota de los hombres de estas novelas.

3.—La pérdida del paraíso

Ya he mencionado en la nota biográfica que la infancia de Goytisolo se vio profundamente afectada por el sangriento episodio de la guerra civil. La guerra fue un hecho sufrido dolorosa pero pasivamente y sin reacción posible dada su temprana edad. La comprensión, el intento de explicación de lo ocurrido vino posteriormente.

Junto con este intento de comprensión —y como consecuencia del mismo— se da la necesidad de liberarse de los horrores presenciados en la guerra. El propio Goytisolo lo manifiesta así en una carta dirigida al hispanista americano John B. Rust en 1954: «Beaucoup de jeunes romanciers d'aujourd'hui n'étaient que d'enfants pendant la Guerre Civile. Avec leurs yeux d'enfants ils virent impassibles, des choses atroces. Ils les oublièrent. Mais, au cour de leur croissance, un moment arriva où ils s'en souvinrent. Et le souvenir s'en precisait à mesure que leurs os se faisaient plus durs et leur sang plus riche. Alors, non pour oublier ces choses —c'eût été impossible— mais pour s'en délivrer, ils se mirent à écrire des romans» [1].

La primera visión de España que tiene el autor se da, pues, a través de un acontecimiento trágico. El dolor y la convulsión interna que la guerra le producen no dejarán ya de aparecer en formas diferentes en sus libros.

En el momento en que se pregunta por el significado de la guerra, Goytisolo tiene a mano la versión oficial de los sucesos

---

[1] *Apud* José María Castellet: «La joven novela española», en *Sur* (sep.-oct. 1963), p. 52.

de 1936 que pone a su disposición un análisis de los acontecimientos: fue una cruzada necesaria de salvación de la España eterna; el país fue librado del peligro por hombres providenciales y mesiánicos. Podría haber optado por esta explicación y haber «entendido» el dolor de su infancia como una necesidad fatal para el logro de cierta estabilidad política nacional y de la vida fácil del presente. Sin embargo, el autor rechazó la explicación provista por el sistema y decidió indagar por sí mismo en busca de respuestas más válidas y auténticas. Al emprender este difícil camino, Goytisolo empieza el desafío a la sociedad española oficial que va a imprimir carácter a toda su obra. En sus primeras novelas va a indagar qué significó la guerra en su vida y especialmente de qué modo afectó a su infancia. Esta indagación se concretará en la expresión literaria de un dolor individual y en el testimonio del sufrimiento de toda una generación. No hay que extrañarse, pues, de que su primera obra tenga como tema la guerra civil.

   Duelo en el paraíso es la primera novela importante escrita por el autor. *Juegos de manos* se publicó antes, pero fue escrita posteriormente. Su primera novela es también una de las más interesantes del período. Para Nora es «la más personal y, en conjunto, la más lograda» [2]. José Luis Cano ve en ella una muestra del indiscutible talento narrativo de Goytisolo [3].

   La acción de *Duelo...* transcurre en un pueblo de Cataluña y se extiende desde el principio de la guerra civil hasta la conquista del pueblo por las tropas franquistas. Repetidas veces se pone de manifiesto que la guerra ha cambiado la vida de los habitantes del lugar. Para Elósegui Martín la guerra ha significado el abandono de sus estudios de derecho y la incorporación al ejército de la República; para Dora, la maestra, el tener primeramente que separarse de su familia, y después la muerte; para Lucía y Angelo, dos solteronas conservadoras y maniáticas, la guerra ha destruido la educación y buenas maneras de los hombres. Para todos, la guerra ha roto la orientación y orden de sus vidas; pero, de entre todos los personajes,

---

   [2] NORA, p. 321.
   [3] JOSÉ LUIS CANO: «Juan Goytisolo: "Duelo en el paraíso"», en *Insula*, 118 (15 oct. 1955), p. 7.

tal vez sea Gallego el que pronuncie la sentencia más definitiva en contra de la guerra:

«Hasta esta maldita guerra, había vivido tranquilamente en mi cabaña y nunca hube de poner cerrojo a la puerta, porque sabía que a nadie se le iba a ocurrir robar a un hombre que, como yo, había luchado contra los yanquis en la guerra de Cuba y que se ganaba la vida honradamente explotando sus inventos. Pero desde hace dos años, el mundo se ha vuelto loco. La gente lanza contra mí los perros guardianes y esos endiablados chiquillos se entretienen en hacerme la pascua» (*Duelo...*, p. 193).

Las palabras de Gallego adquieren más significación si recordamos que se trata de un vagabundo sabio y bueno que vive en las afueras del pueblo. En su avalancha ciega de confusión y trastorno de valores, la guerra no respetó siquiera al *outcast* que, como Gallego, vivió simplemente su vida al margen de facciones y partidismos.

La guerra vino a alterar el mundo de los mayores; sin embargo, no es el mundo adulto el centro de esta novela de Goytisolo. Es más bien el mundo original y distintivo de los niños hacia donde el autor dirige su mirada. En realidad, según José M. Castellet, *Duelo...* será la novela testimonio de la generación que tuvo que vivir la guerra durante la infancia, «cuando todos los que pertenecemos a esa generación éramos todavía niños en los que, sin embargo, la guerra había dejado un surco indeleble del que nunca podremos olvidarnos y que, en cierto modo, ha prefigurado y prefigurará nuestra vida comunitaria española» [4].

La novela está compuesta principalmente de un tejido de historias en torno a los niños que viven en el pueblo. Todas estas historias tienen en común el que están situadas a este lado del simbólico Paraíso mencionado en el título. Para los niños de *Duelo...* la vida feliz de la infancia, hecha de armonía y de bienhechora inconsciencia junto a los padres y en medio de un mundo ordenado y seguro, pertenece al pasado vivido ya y muerto en los años de la pre-guerra. Los niños de *Duelo...* ca-

---

[4] CASTELLET: «Juan Goytisolo y la novela española actual», p. 198.

recen de seguridad. La pérdida del paraíso infantil, que a todos nos afecta tarde o temprano, les ha sobrevenido a ellos antes de hora debido en muchos casos a una orfandad cruelmente prematura [5]. Así lo reconoce el maestro del pueblo: «A esos niños que no tienen padre ni madre es como si les hubiesen estafado la infancia. No han sido nunca verdaderamente niños» (página 137).

Abel y Pablo, los dos protagonistas infantiles de la novela, han quedado huérfanos de padre y madre. La madre de Abel (como la del propio Goytisolo) murió en un bombardeo; el padre, en el barco «Baleares». Asimismo, los padres de Pablo fallecieron ambos en un bombardeo similar.

Si, por una parte, la mayoría de los niños de *Duelo...* están privados del amor de unos padres, por otra, todos ellos carecen de educación escolar. Hay escuela y maestro en el pueblo, pero los niños se niegan a asistir a las clases. Todos han abandonado la escuela de la misma manera que han cesado de jugar a juegos inofensivos y han dejado atrás, como un recuerdo irremediablemente perdido en el pasado, la ingenuidad y la inocencia. Los niños de *Duelo...*, hijos de la guerra, no son propiamente niños; son hombres antes de hora y han debido inventarse apresuradamente la madurez y la sangre fría requeridas para poder batallar en el mundo cruento de los mayores. Gallego, el vagabundo sabio, se lo dice a Abel: «Me hace gracia tu modo de expresarte. Oyéndote, todo el mundo diría que tienes veinte años más de los que aparentas» (p. 203); lo que ratifica el propio Abel: «Creo que la guerra nos ha madurado a todos antes de lo ordinario. Actualmente no existe ningún niño que crea en los Magos» (p. 203).

Perdido el paraíso, sólo queda la realidad escueta y desnuda; y puesto que los niños carecen aún de un conjunto de valores que les sirva para enfrentarse a la realidad y hacerle frente, lo que hacen es imitar los actos de los adultos. Los mayores se organizan en ejércitos, ellos se agrupan en bandas; los mayores usan sus armas contra sus mismos compatriotas, los niños roban pistolas, fusiles y granadas hasta formar un copioso arsenal

---

[5] BUCKLEY, pp. 164-166.

para cometer sus fechorías. De la misma manera, al modo en que los mayores usan la violencia y la muerte, ellos establecen un código de crueldad dentro de su banda. Todos los niños obedecen de forma irreflexiva a un jefe arbitrario e inflexible. La ley del más fuerte impera en el mundo de los adultos y en el microcosmos infantil. Los niños se someten a la fortaleza y la astucia de El Arquero.

El razonamiento de los niños de *Duelo...* es escalofriante, pero real en el contexto de violencia de la guerra: matar antes de que nos maten. Fernando Díaz-Plaja ha subrayado el paralelo existente entre *Duelo...* y *Lord of the Flies,* de W. Golding. En ambos libros las respectivas comunidades infantiles protagonistas de las novelas acaban en el salvajismo y el asesinato [6]. Para Pablo, que ha conocido y experimentado día a día las luchas sangrientas de las calles de Barcelona, la muerte es, según sus propias palabras, cosa propia de los «reventados». Pablo sabe, además, que el único modo de prevenirse contra ella es matando; él ha visto hacerlo así a su ídolo, Mula, pistolero político profesional, para quien el asesinato de los enemigos es un modo de afirmar la propia personalidad. La muerte se ha convertido en acontecimiento cotidiano, a la vista de todos, desprovisto de la seriedad que le confiere el funeral o el cementerio; niños y mayores se han acostumbrado a ella como a la falta de pan o de vivienda. Goytisolo insiste en varios pasajes en esta terrible idea: «Los cadáveres de los soldados muertos durante el combate de la mañana estaban extendidos al borde de la cuneta, entre los nauseabundos desperdicios arrojados por los vecinos y los cascotes de yeso de una cercana fábrica de cemento; (...) enjambres de moscas negras paseaban por encima de sus rostros sin que nadie se preocupara en apartarlas» (p. 267).

La banda de El Arquero necesitará una víctima, un ser débil con el que llevar a cabo, asesinándolo, su acto de autoafirmación. El elegido es un miembro de la banda, Abel, el cual ha llegado hace poco al pueblo y es un advenedizo al grupo. Pertenece además a otra clase social. Es el único que vive en

---

[6] Díaz-Plaja, p. 6.

una rica mansión de las afueras y evidencia modales educados y lenguaje fuera de lo común. Los otros niños descubren en seguida que Abel no es como ellos. Por eso, le convierten pronto en el enemigo, en el traidor al que es necesario matar de acuerdo con las proclamas escuchadas por la radio incesantemente en la propaganda de los días de la retirada republicana: «Vigilad; (...) aprended a delatar a los traidores; si vuestros compañeros son facciosos, castigadlos» (p. 275). Estas consignas de emergencia, que abundaron al final de la guerra, se transforman en órdenes tajantes para los niños del pueblo. Abel, es cierto, en apariencia, ha cambiado notablemente —de niño educado y respetuoso ha pasado a ser ladrón y pícaro como los demás; sin embargo, los otros saben que, en realidad, Abel pertenece al «otro bando», como reconoce Emilio al afirmar: «El tenía dinero en la época en que nosotros pasábamos hambre» (p. 283).

A semejanza del personaje bíblico, el Abel sensible e inteligente de *Duelo*... que sabe tocar el violín y lee y comenta las páginas de política de los periódicos, será asesinado por los mismos compañeros en los que él había puesto toda la fuerza de su amistad. Víctima inocente de unos tiempos y una sociedad trastornados, Abel es condenado a muerte; el propio Arquero le lee en tono militar y solemne la sentencia de muerte. Luego, el jefe de la banda de niños asesinos «con la carabina de caza que el propio Abel le había entregado, le disparó en la sien a una distancia de tres metros. Abel se derrumbó como un fantoche» (p. 26).

Si en *Duelo*... nos encontramos con los niños de la guerra, en *Fiestas* y *La resaca* Goytisolo nos presenta a los niños de los suburbios, víctimas de la miseria y del abandono de la posguerra. En *Fiestas* es Pira, una niña cuyo padre desapareció tras un bombardeo sin que nadie volviera a saber de él, quien sufre las consecuencias de un medio implacable. Huérfana de padres, vive con unos tíos en una humilde vivienda del desamparado barrio barcelonés de Casa Antúnez. El único escape para su infelicidad es el vuelo de su imaginación febril que le hará concebir el sueño hermoso de que su padre está vivo aún y de que reside en Italia, convertido en un personaje importante y rico. Pira cifra sus esperanzas de resolver las privaciones de su vida en el reencuentro con su padre. Confiesa a uno de sus primos: «Entonces, entonces, empezaremos a vivir de verdad y todo esto se convertirá en un mal sueño» (*Fiestas,* página 33). La ilusión de Pira no se cumple, sino que, como Abel, la niña acabará por ser engañada y por entregar su inocencia a la muerte. El agente del engaño es un vagabundo que se hace pasar por uno de los peregrinos que llenaron Barcelona durante el Congreso Eucarístico Internacional, en cuyas fechas está localizada la novela. El vagabundo, que le había prometido llevarla con él a Italia a ver a su padre, la viola y le da muerte en un descampado. La policía encuentra el cuerpo ensangrentado de la niña que había soñado con un paraíso lejano y que no es ahora sino una «muñeca» inerte y sin vida: «Era Pira, tendida boca abajo, con su hermosa trenza deshecha y los brazos inmersos en el mar. El asesino había desgarrado su falda de volantes y la parte posterior de la blusa, dejando al descubierto su espalda, blanca y magra. Parecía una muñeca de celuloide, una muñeca vieja, arrastrada hasta allí por una corriente marina desde una playa lejana» (p. 199).

Además de Pira, Pipo es también víctima indefensa del engaño de los mayores. Pipo lo es a manos de un cabo de la Guardia Civil que le embriaga para sacarle información sobre Gorila, su amigo ideal y perfecto. El tema de la infancia engañada aparece también en otras novelas. Antonio, en *La resaca,* prepara con su amigo Metralla la marcha a América a la búsqueda del Paraíso que les ha negado el mísero Somorrostro barcelonés. Sin embargo, el mismo día asignado para la partida, Metralla desaparecerá con todo el dinero que los dos habían ahorrado para el ansiado viaje. En ese momento, Antonio comprende «con una mezcla de tristeza y alivio que su niñez había muerto y que, en adelante, jamás podría escaparse» (*La resaca,* p. 250).

La ternura que hacia estos niños siente el autor hace que aparezcan envueltos en una atmósfera de intensa poesía que bordea con lo fantástico. En otras ocasiones, tal vez puede parecer también que los niños de las novelas de esta primera etapa piensan y actúan de manera excesivamente madura para su edad. Se justifican, no obstante, esas características[7]. Ello es debido a que han tenido que enfrentarse con circunstancias especialmente duras, como la guerra y la miseria, que les han obligado a una madurez precipitada y a destiempo. Pero pocas veces dejan de ser personajes convincentes; su aplomo, su experiencia de la vida se nos imponen como algo perfectamente natural y necesario en el contexto de la novela. Abel, Pipo o Pira (como para Camus los niños de la segunda guerra mundial) son los símbolos del destino de una generación de niños a los que un momento particularmente aciago de la historia de España tampoco quiso perdonar.

---

[7] Véase MARTÍNEZ ADELL, p. 7.

4.—La primera rebeldía

Junto al tema de la infancia rota por la guerra civil, hay otro que también se halla expuesto de diferentes maneras en toda la obra de Goytisolo: el de la rebelión ante la injusticia y sus responsables. En el primer período, especialmente en *Duelo en el paraíso* y *Juegos de manos,* esta actitud tiene aún un carácter abstracto: si el hombre sufre es porque la vida humana es absurda. La rebelión se dirige, pues, contra el destino humano en general más que contra unos culpables claramente determinados. Pero, a medida que la obra avanza, la rebeldía se torna concreta, se hace más específica, adquiere carácter social e intenta identificar culpables, ya sean éstos individuos, clases sociales o el sistema político de España. Algunas de estas características se advierten ya en *Juegos de manos* que es la primera obra con que Goytisolo se da a conocer al público español.

La novela provocó en el ambiente literario nacional reacciones diversas, pero generalmente favorables. Los comentarios de José Luis Cano son altamente positivos: «Lo que aquí nos interesa es destacar que Goytisolo, apenas entrado en la juventud, ha acertado plenamente en su primera novela» y añade además que «*Juegos de manos* posee la verdad artística necesaria para que el relato nos interese y aun nos apasione» [1]. Para Domingo Pérez Minik es la «mejor novela negra de este siglo. Extraña, alucinante, embrollada, de un ritmo confuso, pero

[1] José Luis Cano: «Tres novelas», en *Insula,* 111 (15 mar. 1955), página 7.

terriblemente expresivo. Un buen documento de este tiempo»[2]. Por su parte, José María Castellet destaca las cualidades de innovación que la novela contiene y dice que Goytisolo es uno de los pocos escritores interesados en escribir de acuerdo con la orientación técnica seguida por las últimas corrientes de la novela contemporánea[3].

En *Juegos*... los rebeldes son un grupo de adolescentes con características comunes: pertenecen a clases acomodadas, cursan los primeros años de universidad y rechazan, de manera todavía anárquica, pero no por ello menos contundente y total, el medio social y familiar en que viven por considerarlos culpables del vacío y la soledad de sus vidas. En estos jóvenes se ve el fracaso de la burguesía del país: «Son una juventud que ha sido acostumbrada a encontrarlo todo hecho, sin el más mínimo esfuerzo, y, como resultado, son seres inútiles, faltos de propósito, parásitos»[4]. El grupo o la banda, como en *Duelo*..., dará cohesión y propósito a estos adolescentes.

En los pocos días que dura la acción de la novela, los personajes van a poner ante nosotros sus existencias al desnudo y, en el transcurso de este auto-análisis, todos encontrarán la clave de la insatisfacción presente en una infancia infeliz. Varios son los recursos empleados en *Juegos*... para revelarnos los motivos que originaron la infelicidad radical de estos jóvenes: unas veces son las páginas de un diario personal, como en el caso de David. David se convertirá luego, en *Señas de identidad,* en el personaje de Alvaro, hombre ya maduro y libre de las dudas e inseguridades del pasado. Varios son los rasgos idénticos entre los personajes de ambas novelas: sus familias se enriquecieron en Cuba con el gran ingenio que poseían en la misma localidad de Matanzas; David revisa el mismo álbum de fotos familiar que tanta importancia adquirirá luego para Alvaro; ambos personajes son estudiantes de universidad... Estas coincidencias, obviamente deliberadas, tornan a David y

---

[2] Domingo Pérez Minik: *Novelistas españoles de los siglos XIX y XX* (Madrid: Guadarrama, 1957), p. 24.
[3] Castellet: «Juan Goytisolo y la novela española actual», p. 134 *et passim.*
[4] Gil Casado, p. 166.

Alvaro en dos momentos de un mismo personaje, similitud explicable, pues en ambos vuelca Goytisolo sus experiencias autobiográficas.

En los casos de Ana, Tánger o Luis Mendoza, el autoanálisis se evidencia en la confesión hecha a otro miembro del grupo. En todas esas historias siempre hay un acontecimiento pasado, del que el personaje no ha sido responsable, que ocasiona el giro decisivo en sus vidas. En el caso de David, la reprensión de don Angel, su rígido tutor, a causa de haberse rebajado a jugar con los hijos de los aparceros que trabajaban en la finca del padre desencadena en él un proceso de odio indeleble contra su propia clase. Más tarde, como interno en un pensionado de religiosos, se verá obligado a regir su vida y sus estudios por el espíritu de competencia que le inculcan sus maestros: «Mi máxima aspiración consistía en ser el primero en todo. Una enfermiza necesidad de aplauso me espoleaba. Luchaba por las mejores puntuaciones con todas mis fuerzas, y, aunque a veces fingía indiferencia por la gloria y simulaba ser inmune a los elogios, en realidad, mi corazón desbordaba de dicha cada vez que el director en el reparto mensual de premios, dictaminaba: 'David ha rebasado la cifra récord en la colecta misional. Ha sido, por tanto, el más sacrificado. También es el que se ha portado más bien y sus notas son las mejores de la clase'» (*Juegos...*, p. 184). Este alumno modelo del colegio de religiosos (¿el mismo colegio de jesuitas en donde estudió Goytisolo?) llegará casi a convertirse pocos años después en asesino a sangre fría y acaba sus días de manera desgraciada y trágica.

Ana descubre de modo parecido su desprecio por la clase social a la que pertenece. A los ocho años, mientras asistía con su familia a un homenaje preparado en honor de Guarner, un alto miembro del gobierno de la ciudad, una manifestación organizada por la oposición interrumpe el acto con gritos y cantos. El padre de Ana se niega a dar respuesta adecuadamente a las preguntas curiosas de la niña. Desde ese momento, Ana se separa progresivamente de su familia; más adelante, se pondrá del lado de los que su padre califica de peligrosos revolucionarios, para ella los representantes de un orden más humano y equitativo. Posteriormente el propio Guarner será

la víctima elegida por la banda de Ana para dar satisfacción
al odio que sienten por su clase.

Si remontáramos la vida de otros personajes (Luis, Agustín,
Tánger) terminaríamos siempre por descubrir un hecho similar
que viene a determinar la caída del Paraíso infantil al mundo
de la realidad. Goytisolo, sin embargo, no nos pide compasión
por estos personajes. Son jóvenes arbitrarios que reaccionan ante
la injusticia con actos desprovistos de realidad, absurdos, injustificados. Se les ha acusado de «desorientados, caóticos, en
su mayoría degradados, holgazanes y viciosos».[5]. Sus problemas
son más bien excepcionales que representativos de la sociedad
española. Sin embargo, José Corrales Egea afirma que el telón
de fondo que da sentido a sus actos es «todo el trauma moral
y social de la guerra y sus secuelas: el mundo de los aprove-
chados sin escrúpulos, de los enriquecidos en la carroña y de
los engordados con el hambre ajena, cubiertos —eso sí— de
huera respetabilidad, convertidos, ante los hijos, en moralistas,
todo lo cual no puede impedir que los propios hijos descubran
la falacia y se les desplome todo un sistema de valores»[6]. Su
búsqueda de valores nuevos ha sido comparada, por su carácter de desesperación y de angustia, con la de Rafael Alberti en
Sobre los ángeles[7].

Existe una contradicción entre el motivo que aducen para
asesinar a Guarner, el odio a la burguesía, y las reales razones
ocultas que los llevan a cometer el acto: la necesidad de ro-
bustecer la incipiente personalidad de cada uno con una acción
de aparente grandeza. Como dice Ana, Guarner «encarnaba
el antiguo estilo, los modales y la concepción sosegada de la
vida, todo aquello que los jóvenes que olían la revuelta y la
cercanía de la lucha, aspiraban a desterrar para siempre» (p. 93).
Pero el asesinato de Guarner, de no haber sido frustrado por
la indecisión final de David no hubiera cumplido ningún propósito político específico y hubiera sido un acto, además de
criminal, perfectamente estúpido y gratuito. La disciplina al
servicio de un mejoramiento de la colectividad a largo plazo,

[5] Nora, p. 320.
[6] Corrales Egea, p. 70.
[7] Buckley, p. 150.

no cuadra con los propósitos de este grupo de adolescentes que sienten la necesidad de auto-afirmación. El fracaso, rodeado de ridículo, acentúa más aún la inmadurez de sus vidas. Ana así lo reconoce: «Estoy rodeada de un grupo de chiquillos. Todos se esfuerzan en comportarse como hombres» (p. 216).

Agustín llevará hasta las últimas consecuencias esta postura insensata e irracional y acabará dando muerte a David sin motivo o causa justificada en un asesinato tan absurdo como el del héroe de *L'étranger*. Como Mersault, Agustín, también se permitirá una actitud de superioridad y desprecio hacia los curiosos que, aglomerados junto al coche celular que se lo lleva detenido, le recriminan su acto criminal.

Esta clase de rebeldía absurda no es la más común en el primer período. Por el contrario, Goytisolo, como se ve en los dos capítulos siguientes, intentará dar más relieve a actitudes provistas —al menos potencialmente— de mayor eficacia y de más claro sentido.

5.—El compromiso político

Además de actitudes más o menos marginales a la sociedad, se encuentra también representada en Goytisolo la actitud de un compromiso político serio frente a los problemas de España. El autor investiga por medio de los personajes comprometidos las posibilidades de la acción política. Todos ellos tienen en común el no ser jóvenes y el haber actuado activamente en la política durante la época de la segunda República o de la guerra civil. Goytisolo no oculta un hondo sentimiento de solidaridad y respeto por estos idealistas empedernidos, luchadores sin éxito por el progreso del país. Todos estos hombres vivieron tiempos mejores en los años de la república o en el ambiente heroico y trágico de la guerra. En *La resaca* incorpora textos de canciones para evocar mejor dichos tiempos. Son estrofas de canciones populares revolucionarias:

> «Que venga el Socialismo
> que yo lo quiero ver,
> que aquel que no trabaje
> no tiene derecho a comer...»

> (*La resaca*, p. 227.)

o de los doloridos lamentos de los expatriados que huían hacia la frontera francesa en los días terminales de la contienda:

> «Somos
> los tristes refugiados
> a este campo llegados
> después de mucho andar...

Hemos
cruzado la frontera
a pie y por carretera
con nuestro ajuar...» (p. 110).

Goytisolo se propone, al reproducir estos versos, transportarnos emocionalmente a otra época, y proporcionarnos el acceso, aunque de modo incompleto, a una versión de la guerra y de la república diferente de la mantenida por la España oficial.

Con el profesor Ortega, Goytisolo simboliza en *Fiestas* el destino del intelectual español caído en desgracia después de 1939. La vida de ese profesor, como la de tantos intelectuales coetáneos suyos, aparece seccionada desgarradoramente en dos épocas: la de antes de 1939 y la de después de esa fecha.

De la época anterior a 1939, Goytisolo nos da algunos datos decisivos para encuadrar la noble figura de Ortega: por un lado, sabemos que se educó en la Institución Libre de Enseñanza y que este hecho fundamental dejó huella imborrable en su vida. Aún ahora (la novela transcurre en 1952), siempre que el profesor Ortega alude a la Institución redondea invariablemente la frase con un definitivo «en la que tuve el gran honor de formarme». Por otro lado, se nos dice también en *Fiestas* que Ortega fue catedrático de instituto y partidario de la República.

Goytisolo desarrolla progresivamente los aspectos tristes y a veces trágicos de la biografía de Ortega hasta dibujarnos la personalidad típica de un intelectual de esos años. La guerra civil es otra vez el acontecimiento decisivo para los españoles de esa generación. En el transcurso de la misma, Ortega perdió a su mujer, enfermera al servicio del ejército republicano. Luego, al acabar la guerra, fue expulsado de la cátedra por sus ideas políticas. Su vida cambia radicalmente condenado como «desafecto al régimen»: será víctima de su condición de derrotado en un país rehecho para los vencedores de la guerra. Ortega sentirá siempre nostalgia por los años de la República, más dignos y cabales, que comparará a cada momento con el vacío e injusticia del presente. Sin embargo, no cede a la presión del entorno; seguirá fiel a su imagen de hombre honrado e idealista.

Ortega aparece constantemente como un hombre situado

fuera del contexto social de la España oficial. Al principio de la novela, trabaja modestamente como maestro en una escuela de Casa Antúnez, barrio de emigrantes del sur. Pero se destaca en seguida de los otros maestros. Sus costumbres rompen con el tradicionalismo de la escuela: llega a clase con unos pocos minutos de retraso para evitar el rezo de las oraciones; sus clases carecen de la disciplina rígida de las demás; su relación con los discípulos es abierta y entrañable. Además Ortega no ha abandonado sus ideas de reforma. Tiene proyectado, por ejemplo, crear una escuela gratuita para los niños del barrio, aunque su plan acabará fracasando por la inercia y el desinterés colectivo.

Finalmente, condenado a su rebeldía en soledad y provisto de su idealismo inveterado de siempre, Ortega instalará una escuela en el patio de la casa de un amigo. ¿Nuevo gesto inútil o promesa esperanzada? Goytisolo no lo determina. Lo que sí precisa, e insiste en ello repetidas veces, es que para la gente del barrio el viejo profesor que «tuvo el gran honor de formarse en la Institución» es tan sólo un «fracasado, un resentido social» (*Fiestas,* p. 233).

El problema del profesor Ortega es el de tener ideales en una sociedad mediocre y rutinaria que carece de todo idealismo. Con todo, el profesor no constituye una amenaza seria para el sistema. Es un hombre bueno nada más, no un rebelde activo. Una vez alejado por el sistema del único lugar en que su labor podía representar un peligro, la cátedra de instituto, los actos renovadores de Ortega quedarán reducidos a meros gestos en el vacío, a voces de protesta sin eco, condenadas a perderse sin resonancia en los demás conciudadanos. Por eso el destino de Ortega —y el de otros muchos españoles como él— nos deja profundamente tristes porque vemos que su lucha ha sido vana, condenada sin remedio al olvido o al desprecio.

El profesor Ortega tiene que enfrentarse no sólo con el sistema político, sino también con el egoísmo y la chatura de sus colegas y vecinos. Los colegas lo expulsan de la escuela por no haber participado en una procesión religiosa. Los vecinos aceptan el orden político sin protesta. Así, por ejemplo, don Paco, un buen hombre tan necesitado y pobre como los demás de la deshauciada vecindad en que vive, habla favorablemente de la inhumana demolición de un grupo de barracas hecha con el objeto de «adecentar» el aspecto del barrio en los días del Congreso. Don Paco defiende paradójicamente el orden y la paz conseguidas a costa de su propio progreso, aunque no advierte esa trágica contradicción:

> «—Porque ahora hay orden —repuso don Paco— y la autoridad sabe lo que hace, mientras que entonces todo era anarquía y la gente se tomaba la justicia por su mano.
> —Usted habla igual que los periódicos —dijo exasperado Ortega—. Como hombre de buena fe que es usted, cree todo lo que le endilgan y se niega a ver lo que tiene delante (...).
> —Usted exagera —replicó don Paco—. La inquina le tiene ofuscado.
> —No, no exagero.
> —Yo creo que la mejor solución es que cada uno tire por su lado sin preocuparse de lo que ocurre a su vecino (...). Que cada uno se ocupe sólo en sus asuntos: éste es para mí el ideal. Encerrado en su casita, aparte de todo» (p. 188).

Frente al individualismo egoísta de los hombres del presente, el profesor evocará la solidaridad y el espíritu de rebelión de los tiempos de la República.

El lector no puede escapar con la lectura de *Fiestas* a una impresión de pesimismo. Goytisolo no cree que la vida española pueda cambiarse por la acción de liberales bien intencionados que buscan la acción solidaria y común. Esos hombres merecen respeto, pero su intención fracasa en contacto con una masa indiferente. No desprecia a esa masa, la compadece. No enjuicia las ideas, sino que pinta realidades. Parecería coincidir con la crítica de Américo Castro referente al liberalismo español que, celoso de sus ideas, desconoció siempre la realidad en que actuaba. El pesimismo deriva de la sinceridad del novelista alejado de todo optimismo falso. España es una realidad más compleja, en que las ideas deben actuar dialécticamente sobre la realidad o, de otro modo, sucumbir. El idealismo empobrece y falsea esa complejidad básica.

Fiestas concluye con el contraste entre ese pesimismo y la apoteosis final de Barcelona conmovida al unísono ante la llegada del Nuncio del Pontífice: «La ciudad entera vibraba bajo la nieve de los pañuelos, de las flores, de las palomas, en tanto que, coreados por miles de gargantas, los altavoces repetían las entrofas del sagrado himno que un viento juguetón difundía sobre los árboles y los tejados, hacia el puerto donde se hallaba el Nuncio, y más lejos aún, hacia el transbordador y los diques, pasada la escollera, hasta el mar» (p. 235).

Si en *Fiestas* el profesor Ortega representa el fracaso del intelectual español, Giner, el ex-militante obrero de *La resaca,* expresa la frustración de los trabajadores españoles en la lucha por mejorar su condición. Giner participa con Ortega de la nostalgia de los tiempos del pasado político de España.

La resaca, novela de suburbios al igual que *Fiestas,* está localizada en el Somorrostro de Barcelona, barrio también compuesto en su mayoría de emigrantes andaluces atraídos por la gran ciudad. Fue la primera novela de Goytisolo cuya publicación prohibió la censura. Al tener que publicarla en el extranjero, el autor experimentó cierta frustración, ya que estaba concebida para un público exclusivamente español: «es el caso típico de la novela didáctica, donde todos los personajes, todas las acciones quieren desvelar los mecanismos opresivos de la sociedad; una novela-panfleto que a lo mejor habría tenido efecto si se hubiese publicado en España» [1].

En el libro se nos da una descripción del *Lumpenproletariat* desorganizado y sin conciencia de clase. La obra está poblada de personajes que aparecen en rápidos *flashes,* se destacan brevemente en la narración y luego pasan a ser engullidos por la masa inerme, impotente y despersonalizada de los habitantes del barrio marítimo barcelonés. La ciudad, como un vientre enorme y supuestamente generoso, acepta a esos desclasados a quienes aprovecha en cuanto le pueden ofrecer, luego los expulsa a las afueras condenándolos a una existencia sin más horizonte que la miseria y una indigencia infrahumana. La taberna, de manera similar a *L'assommoir* zoliano, es el centro neurálgico en torno al cual se aglutinan los hombres del Somorrostro, como Cinco Duros y Cien Gramos, mientras sus hijos se organizan en bandas, como la de Metralla y Antonio, que se dedican a la estafa y al robo con precoz habilidad.

---

[1] MARVEL MORENO, p. VII.

La resaca empieza significativamente con un epígrafe alusivo a la vida de los suburbios sacado de entre las páginas de un periódico barcelonés. Se nos propone como una visión antitética de la Barcelona rica y floreciente ensalzada por la prensa oficial. Aparece también en *La resaca* esa cara de la ciudad catalana y, junto con ella, aspectos del modo de ser y conducta de la burguesía industrial que la rige, pero en un segundo plano y siempre en contraste con la miseria y el abandono del Somorrostro que fueron soslayados o totalmente ignorados por la prensa interesada.

En este documento de la vida de unos seres arrumbados fuera del *mainstream* de la sociedad española, se incluirán historias como la de Coral, la pobre niña convertida en prostituta después de haber sido violada por su padre; o la de Manolo, el muchacho que empieza a abrirse camino en el mundo del boxeo; o la de Metralla, huérfano de padre y obligado a organizar, para su sobrevivencia, una banda de ladrones ante los chicos del barrio.

¿Qué puede hacer Giner, con su actuación solitaria, para cambiar la situación? Giner es un idealista, pero su idealismo no le impide advertir la indiferencia política de sus convecinos, su incapacidad para la rebelión. Goytisolo insiste en la idea de que el pueblo español, que dispone de un pasado heroico en su lucha contra la opresión (especialmente en la guerra civil), ha abandonado, en el presente, su espíritu de rebeldía y se ha resignado ante la fuerza de unas circunstancias que le aplastan. Antonio para quien, sintomáticamente, «El Sabater» es un héroe del *maquis* y no el peligroso criminal que pinta la prensa de la época, expresa claramente esta actitud: «Haciéndolo nacer en una época carente de heroísmo, el destino le había jugado una mala pasada (...). La monotonía y mediocridad de la vida presente le inspiraban aún mayor desprecio y lástima» (*La resaca*, p. 147). Esta visión del presente como un tiempo vacío y estéril se encuentra varias veces en los libros de este período, en *Fiestas* y en *El circo*, por ejemplo. En esta última novela el portavoz de la idea es don Elio, un médico que se mantuvo activo en política durante la guerra: «El mundo por el que había luchado y sufrido se había venido abajo. Y sólo quedaba el otro, el presente, grotesca caricatura de sus sueños, como una máscara hueca y pretenciosa, vacía de todo significado» (*El circo*, p. 170).

Giner trata de hacer cobrar conciencia de su mísera condición a la gente del barrio e intenta orientarla y organizarla en una acción tan disciplinada como las del tiempo de la República. Giner piensa como resultado final de este esfuerzo en la creación de un sindicato que canalizaría las aspiraciones de los desposeídos de manera más efectiva. *Unión* es la palabra clave para Giner. Por eso, intenta formar un grupo de lucha clandestina en colaboración con Emilio que ha contribuido, con la narración de sus experiencias laborales en Francia a reafirmarle en su idea de la fuerza y la eficacia de los sindicatos: «En Francia el obrero no vive aislado como aquí. En Francia tiene el Sindicato» (*La resaca*, p. 32).

Con Emilio, Giner hace planes de acción e incluso llega a preparar un día una reunión política con otros amigos. Giner concibe esperanzas: «Por un segundo, volvió a ver ante él, la comunidad de los hombres desposeídos. Las partículas, aisladas hasta entonces, se juntaban poco a poco, formando un cuerpo... Tal vez había llegado la hora de la Unión» (p. 225). Sin embargo, todo será inútil. Ni siquiera le va a quedar el consuelo de un acto heroico final que cierre gloriosamente su aventura. La reunión es interrumpida, no por la policía, sino por Cinco Duros y Cien Gramos que, con sus gritos e insolencias, obligan al incipiente grupo a suspender la sesión. La ilusión de Giner ha sido también afímera. De ahora en adelante, sólo le restará enfrentarse con la verdad desnuda, la misma que tortura —y sigue torturando— el propio Goytisolo: «No eran nadie. Los diez mil hombres, mujeres y niños del barrio, soportaban una vida de larvas. Gotas de agua, no creaban un mar. Abejas obreras, no constituían siquiera un enjambre» (p. 262).

Es en *La resaca* donde por primera vez Goytisolo introduce el motivo del autoexilio al extranjero como alternativa para el español acosado por los problemas no resueltos. Esa es la decisión que tomó el propio autor en 1956, dos años antes de la publicación de la novela... En la ficción novelesca, Emilio, desilusionado de su país, regresa al final a su puesto de trabajo en Francia.

Por su parte, Giner, alejado definitivamente de todo contacto social, acaba por ser víctima individual de su rebeldía anárquica y puramente instintiva. Cuando la policía viene al barrio a desalojar de su casa a un vecino suyo, Giner pierde el dominio de sí mismo e insulta a los agentes, que se lo llevan detenido.

La resaca es el testimonio de una realidad injusta y triste. Es, también, un libro cerrado a la esperanza. Las únicas palabras alentadoras aparecen al final, pero, significativamente, están colocadas fuera del texto de la narración y proceden de otro autor, de Antonio Machado:

> «... Mas otra España nace,
> la España del cincel y de la maza
> con esa eterna juventud que se hace
> del pasado macizo de la raza.
> Una España implacable y redentora,
> España que alborea
> con un hacha en la mano vengadora,
> España de la rabia y de la idea» (p. 275).

El lector advierte que estos versos de exhortación a la lucha positiva están añadidos de forma un tanto artificial y extemporánea y son, por consiguiente, una realidad inerte, no vivida y dramatizada en la novela, como si Goytisolo dudara de la posibilidad de ese mañana de Machado, simple ensoñación del poeta. Como otras veces, Goytisolo oscila entre la esperanza de un porvenir más favorable y la rabia y la exasperación ante una realidad que resiste el cambio.

6.—La inadaptación

Todos los personajes de las novelas del primer período se caracterizan como seres humanos que han sido profundamente alienados por la sociedad del país. Al niño, la guerra y la miseria le han roto la felicidad mágica de la infancia y le han arrojado antes de hora a la cruda realidad de la vida adulta; al adolescente, el país le niega un repertorio de valores con que dar sentido a su vida; al adulto, la frustración de una lucha inútil le condena a la resignación definitiva.

Aunque todos sufren dolorosamente esta alienación, algunos terminan, sin embargo, por encontrar de manera más o menos legítima un hueco acomodado en la sociedad que les permite seguir viviendo una vida precaria y carente de sentido. En otras palabras, esos hombres, mujeres y niños alienados de las novelas de Goytisolo hallan casi siempre por casualidad un modo de *adaptarse* a las circunstancias que hace sus existencias, si no felices, por lo menos tolerables. Esta solución se trata, en unos casos, de resignación; en otros, de egoísmo o indiferencia y, en algunas ocasiones, a un nivel moral e intelectual muy superior, de compromiso político. Estos personajes, pertenecientes a los diversos estratos sociales del país, son muestras típicas del ciudadano medio español que ha encontrado, justificadamente o no, una función que cumplir en el engranaje social de España.

Hay, no obstante, en las novelas de Goytisolo otros personajes que no responden a la misma actitud. Se ha operado también en ellos el mismo proceso de alienación, pero no acaban nunca de encontrar su papel y seguirán siempre ínadaptados al medio hostil que les aplasta. Para estos seres de personalidad compleja, indefinida e imprevisible, las respectivas funciones sociales que los demás han encontrado no son más que papeles vacíos de sentido en una representación teatral absurda. Estos personajes (Utah, Tánger o Gorila), en un esfuerzo arriesgado y difícil, cuestionarán la validez de todas las posturas existenciales del hombre. Una vez rechazado el sistema social, se negarán a buscar arreglos pasajeros o justificaciones piadosas para marginarse totalmente de él hasta convertirse en inadaptados absolutos. Aunque son una amenaza menos directa que los militantes como Giner u Ortega, el sistema acabará también por perseguirlos y castigarlos. Alrededor de todos ellos flota un aura romántica de desinterés por el dinero, por las convenciones, por el orden. En todos arde la llama de ideales imposibles no directamente políticos sino relacionados con la condición humana en general: la amistad total y perfecta, el amor eterno, la belleza absoluta. Son individuos inútiles, improductivos, parásitos sociales; y, sin embargo, despiertan nuestra simpatía.

Estos inadaptados anticipan la actitud de los «hijos de las flores» o *hippies*. Al no poder soportar el terrible contraste entre sus sueños y la realidad, recurren a escapes como el alcohol o a refugios psicológicos, especie de universos redondos y completos, creados por la imaginación. Sin embargo, «la irrealidad en que se refugian no es estable sino en continuo cambio» [1]; de ahí que desemboquen en algunos casos en la locura. Estos personajes están lejos de los raros o los locos de la novela realista. Son seres básicamente literarios e imaginativos, simbólicos y paradigmáticos de la rebeldía exasperada y final [2]. Sin embargo, cumplen una función enormemente efectiva dentro del mundo de la novela, porque el rechazo romántico, impensado e indisciplinado de la sociedad, que acaba castigándolos a pesar de su bondad elemental, provoca en el lector una reacción, casi necesaria y automática, de afecto hacia ellos y de adhesión al espíritu de rebeldía que representan. Desde un

---

[1] BUCKLEY p. 159.
[2] Para un estudio de los símbolos de las primeras novelas, véase GENE STEVEN FORREST: *op. cit.*

punto de vista literario, estos personajes son los más logrados del período. Goytisolo consigue crear con ellos unos entes de ficción dotados de complejidad psicológica; son además figuras interesantes por sí mismas, por cómo son y por lo que hacen, no tan sólo por el papel que el autor quiere que simbolicen en su crítica de la sociedad.

Los dos primeros personajes de este tipo que aparecen en la obra de Goytisolo son Gallego en *Duelo...* y Tánger en *Juegos...* . Gallego es un vagabundo extravagante e idealista. Vive siempre al aire libre y en continuo contacto con la naturaleza y es inventor de cosas inútiles como un fijapelo hecho de «palas de higo chumbo mezcladas con dientes de león» (*Juegos...*, página 204). Incluso proyectó hace algún tiempo la quimera de encontrar, por medio de una varita de supuestas propiedades mágicas, un pozo de agua con el que pensaba establecer un depósito y abastecer así al pueblo.

Este vagabundo bonachón y sabio conoce el secreto final de la vida humana, la filosofía que subyace en todos los otros personajes inadaptados. El pensamiento de Gallego se concentra en dos ideas básicas, ambas radicalmente pesimistas: el hombre es un ser para la muerte; la vida humana es una realidad absurda, que escapa a nuestra comprensión.

Además de estas dos ideas, Gallego ha descubierto otra de orden ético: todo aquel que no asume la condición trágica del hombre y se aleja de su verdadero destino se condena a llevar una vida «inauténtica». El término de Sartre viene al caso porque el pensamiento de Gallego evidencia el influjo del existencialismo en esta temprana etapa de Goytisolo. Por entonces, Sartre empezaba a ser leído con avidez en las universidades españolas. El vagabundo expresa su filosofía con estas imágenes: «Las mariposas, los hombres que marchaban acoplados, no eran otra cosa que un turbio impulso hacia la muerte. Todo apuntaba a ella, como el bebedor hacia el alcohol, como la polilla hacia la llama, y lo que era objeto de amor un día, se convertía en su presa al cabo de un instante» (p. 189).

Entre los diversos personajes de Goytisolo, Tánger, en *Juegos...*, es el único que provoca en el lector una reacción ambivalente. Sin duda, nos atrae sobremanera este joven soñador, que persigue insaciablemente hermosos imposibles; pero, al mismo tiempo, no podemos dejar de juzgar su irresponsabilidad estúpida y pueril, ya que, entre otras cosas, contribuirá al asesinato de su amigo David. Es un individuo proteico, complicado y difícil que se halla perdido en el laberinto de su confusa cabeza. Estudiante de universidad, se convertirá pronto en un *drop-out* y abandonará las aulas debido a la influencia de sus amigos de vida disipada.

Hay una característica principal en la personalidad de Tánger: está dotado de una imaginación desbordante que invade toda su vida, obstaculizándole la aprehensión racional del mundo real con el cual ha perdido casi todo el contacto. No se sabe bien si este alejamiento de la realidad se debe a un proceso involuntario de pérdida de la razón o si es consciente y voluntario. Prefiero la segunda hipótesis. Tánger se ha evadido de la realidad tras haber captado y entendido el significado último de la vida humana. No ha sido capaz de soportar la tensión que conlleva una actitud *auténtica,* en perpetuo enfrentamiento, cara a cara, con el absurdo y la nada existencial. La diferencia con los personajes de Sartre reside en esta falta de aceptación de la realidad de la vida.

Esta utilización del poder de la imaginación para mitigar la crueldad y la dureza de la vida humana la encontramos ya presente en los cuentos publicados por Goytisolo previamente a la aparición de sus novelas, cuentos prácticamente desconocidos incluso por la crítica. Así de la niña-obrera, protagonista de *Los sueños,* se dice: «Vivía en un mundo pequeñito hecho por ella, a su tamaño, que despedía una lucecita titilante, lo mismo que un pabilo; un mundo ligero, irisado de colores, que flotaba sobre el otro a la deriva, como una cometa mecida por el viento. Cada cual podía conformárselo a su gusto, con música, juguetes, animales, princesas o arcángeles» [3].

Tánger utiliza, sistemáticamente, las magníficas cualidades de su imaginación para deformar, embelleciéndolos, todos los hechos de la vida. El primer amor de Tánger, efímero e intrans-

---

[3] JUAN GOYTISOLO: «Los sueños». Hay copia en el archivo de la Murgar Memorial Library (Boston University).

cendente, es transformado, en su recuerdo, en un amor perfecto y, por consiguiente, Alicia, su amada, en un ser supraterreno e ideal: «Le gustaba pasear por el parque vestida de Cleopatra y yo la acompañaba henchida de gozo, colmándola de besos en las manos, en el cabello, en la nuca y en los labios. La comparaba al mar, al cielo, a los barcos, a las nubes. La sustraía a las formas precisas, como si ella fuera la sustentadora de todas las formas y, al besar su mano y al abrazar su cuello, me parecía besar y abrazar a la naturaleza entera» (*Juegos...*, p. 165).

Tánger está insatisfecho no sólo con el mundo de-sustanciado» y rutinario de todos los días que trata, a su manera, de potenciar y de enriquecer; su disconformidad va más lejos aún que la del profesor Ortega y la de Giner. Le disgusta vivir en la sociedad española, pero, más todavía, le disgusta la vida en general. Tiene conciencia de que se sentiría también extranjero en cualquier otro país diferente de España. Además sabe que su desasosiego tiene raíces existenciales y no políticas y que no puede, por tanto, ser paliado con los efectos reparadores de la acción. La solución de Tánger es ponerle vistosos disfraces a la realidad, enmascarar la miseria del hombre: «Los seres como nosotros hemos de disimular la realidad. Debemos ponernos caretas y alas en las espaldas. Somos Icaros, ángeles derrotados, reliquias de un esplendor muerto» (p. 124).

En sus frecuentes visitas a las casas de prostitución, Tánger transforma el acto triste del comercio carnal en un ritual original y bello: pone cintas de colores alrededor del cuerpo de la mujer y coloca sobre la almohada un ramo de rosas blancas. Ramón Buckley ve en estos actos «una reacción ante el vacío (...) mediante la búsqueda imposible de un disfraz distinto capaz de transformarle en un ser distinto. El constante cambio de disfraces muestra su estado de perpetua insatisfacción» [4].

En otras ocasiones, cuando el poder transformador de la imaginación es insuficiente, recurre al alcohol. Tánger bebe constantemente hasta embriagarse y entregarse, entonces, a delirantes quimeras. Esta afición a la bebida —típica de otros personajes inadaptados como Utah, en *El circo,* o Gorila, en

---

[4] BUCKLEY, p. 160.

Fiestas— va a contribuir a que Tánger viva flotando por encima de las cosas, encerrado en el universo mágico, sin límites ni puntos de referencia, de su fantasía. La embriaguez determina que, en buena medida, su sentido moral sea tan débil, por no decir inexistente. Todos los actos, hasta los más serios y trascendentes, se convierten para Tánger en un juego o en una representación teatral, sin importarle las consecuencias que su conducta irreflexiva puedan acarrearle a sí mismo o a los demás. Por esta razón hace trampas con las cartas —«yo imaginaba que era un juego» (p. 241)—, lo que va a decidir trágicamente el destino de David. Cuando, más tarde, está en sus manos rectificar el curso de los acontecimientos y evitar así la muerte de su amigo, se inhibe de cualquier responsabilidad que supone, según dice, *representar* un nuevo papel.

En doña Estalisnaa (*Duelo*...) encontramos el mismo impulso que movía a Tánger a remontarse por encima de la realidad a la búsqueda de un mundo perfecto y sin quiebras: «Los seres como yo hemos venido al mundo a buscar la poesía de las cosas, no la suciedad» (*Duelo*..., p. 112).

¿Cuál es esa realidad sucia y negativa que la distinguida dama de *Duelo*... pretende superar? Su matrimonio ha sido una fuente de infelicidad constante a causa de los vicios y bajezas de su marido. Por largo tiempo, buscó consuelo en sus hijos, pero la muerte se los arrebató en accidentes desgraciados. Falta del amor de sus hijos, doña Estalisnaa se aparta del mundo real y se construye un refugio o universo personal aislado de todo padecimiento. La vida ofende a los seres indefensos. Doña Estalisnaa no se resigna ni se adapta. Su retiro en la finca de El Paraíso —nombre que recuerda otra en la que Abel se refugia de la guerra civil— es su forma de protesta contra el dolor de la vida. Doña Estalisnaa sufre por una culpa inexistente. Su única culpa ha sido la defensa de los derechos de su sensibilidad refinada frente a un marido vil y grosero. Acabará pagando su falta de resignación con la locura que la apartará definitivamente del mundo de las personas normales, al que nunca quiso pertenecer.

El que doña Estalisnaa pase horas y horas abrazada al tronco de un almendro de *El Paraíso* o recluida en su alcoba con el rostro constantemente cubierto por un velo, encerrada a todo lo que no sean sus recuerdos y su dolor agudizados por la demencia, simboliza la afirmación del derecho a ser anormal y diferente; es una glorificación de todos los hombres capaces de sacrificar quijotescamente incluso su cordura en defensa de sus convicciones.

Todas las novelas de Goytisolo presentan, en un momento u otro, personajes parecidos a doña Estalisnaa: seres románticos e idealistas hasta las últimas consecuencias, que nunca cederán ante lo establecido de antemano, ya sea ello las mentiras oficiales, la injusticia del poderoso o los mitos seculares de la historia y de la vida española.

El circo y *Fiestas* son las novelas en que los personajes inadaptados (Utah y Gorila, respectivamente) cobran mayor relieve hasta convertirse en protagonistas de ellas.

Algunos de los rasgos característicos de estos personajes difieren de los vistos anteriormente. El desafío de Utah y de Gorila a lo establecido es más concreto que el de Tánger o doña Estalisnaa, por ejemplo. Utah y Gorila se rebelan contra normas y estilos de conducta específicos, vigentes en la sociedad en torno a ellos. Al mismo tiempo, su rebeldía es más constructiva. Ambos plantean, bien que no de un modo teóricamente claro, una nueva ética o conjunto de valores más válidos que los que han rechazado. A su manera, Utah y Gorila son revolucionarios que cuestionan el sistema y se enfrentan decididamente en contra de él. La rebeldía de Tánger o de doña Estalisnaa quedaba reducida al marco de su individualidad; la de Utah y la de Gorila se proyecta al exterior y produce resultados más o menos amplios y efectivos. La agresividad y la persistencia de su esfuerzo harán que la respuesta de la sociedad sea también más contundente. De ahí que, a diferencia de los personajes inadaptados vistos antes, Utah y Gorila acaben convirtiéndose en mártires y dejen discípulos que van a seguir su ejemplo.

Del enfrentamiento entre el individuo aislado y un determinado grupo social caracterizado por su buena conciencia y su hipocresía moral e ideológica, surge Utah, cuya inquietud vital, ironía y humor significan en la novela un desafío enormemente efectivo contra las normas y el estilo de vida de un sector muy amplio de la burguesía del país. *El circo* está situado en un pueblo catalán, llamado Las Caldas, típico lugar de veraneo de la clase media catalana. De un lado, vamos a encontrar, pues, una descripción del modo de vida de la burguesía segura de sí misma y de sus valores sin el menor asomo de culpabilidad o de duda; y, de otro, a Utah, que, aunque pertenece originalmente al medio burgués, lo rechaza totalmente afirmando con su repulsa la posibilidad de modos de vida más sanos y auténticos. Pero, antes de analizar la sugestiva personalidad de Utah y el carácter de su rebelión, es necesario ver aquello contra lo que se rebela.

Goytisolo no nos da en *El circo* una visión puramente objetiva, documental y fotográfica de la burguesía de Las Caldas, sino que su visión de la misma nos llega filtrada por el comentario o la observación irónica de los personajes. En otras palabras, la burguesía de *El circo* está vista desde la perspectiva de individuos que, dentro del contexto de la novela, observan a distancia y ponen en cuestión el comportamiento de dicho grupo social. Demos un ejemplo. En un momento de la novela se describe una importante escena de la vida familiar burguesa, pero la observación se hace a través de la mirada crítica de Juana, joven inconformista que desprecia la vacía seriedad de sus padres:

> «Su madre siguió con el cucharón, por riguroso turno y, al concluir la acción de gracias *fue* como si se repitiera una vez más una escena ya vivida (…). Con satisfacción *cruel,* Juana verificó la exactitud de los detalles; su padre tragaba a grandes bocados, entre noticia y noticia; su madre se llevaba la comida a la boca con repugnancia *afectada* y la mordía con los dientes igual que un *ratoncito;* la radio hablaba de ancianas centenarias, de fervorosos homenajes a una antiquísima reliquia. Su madre parecía despertar de un profundo letargo y agitaba delicadamente la campanilla. Inútil: Jacinta no la oía. Su madre lo sabía, también, pero era *tan elegante* emplear la campanilla» (*El circo,* p. 65. La cursiva es mía).

Tanto la indiferencia del padre como la afectación de la madre y la necedad de las noticias de la radio son datos objetivos en la descripción; pero aparecen transformados y ridículizados por el desprecio de Juana (claramente evidente en el párrafo) hacia una escena, por otra parte, tantas veces repetida que cobra en ese momento su carácter esencial absurdo hasta entonces no totalmente advertido.

Lo que hace Goytisolo en *El circo* es presentarnos dos caras contrapuestas de la vida burguesa. En una de ellas, los personajes aparecen investidos de su honorabilidad aparente; en la otra, se nos pone de manifiesto el mecanismo, las razones secretas de su conducta. Así, Flora y Elvira, dos solteronas que supuestamente se dedican, según la opinión general de Las Caldas, a la práctica del bien por medio de obras de beneficencia, nos son descubiertas en su interioridad hecha de sus represiones sexuales que las obsesionan, motor verdadero de sus vidas. Flora mantendrá en secreto el alcoholismo que le sirve como escape del puritanismo hipócrita que paraliza toda su existencia.

Otros aspectos de la vida social son, asimismo, sometidos al mismo efecto deformador y crítico: recepciones públicas, homenajes a la vejez, *surprise-parties*, etc.... La misa, culto religioso tradicionalmente respetado, es visto en *El circo* a través de Juan de Dios, un pobre mendigo idiota para el que el acto sagrado es sólo una oportunidad de ganarse la vida: «La música del órgano le acariciaba los oídos. Buscó con la vista los chiquillos que cantaban. Seguía oyendo los bocinazos de los coches. En el bolsillo izquierdo guardaba la calderilla. En el derecho, los billetes y las piezas de dos, cuatro y diez reales. Un niño vestido de marinero le dio un duro» (p. 121).

La técnica del contraste de dos hechos opuestos con el propósito de revelarnos su realidad auténtica es un recurso que Goytisolo empieza a utilizar intensivamente en *El circo* y que ya no abandonará nunca, en un proceso continuo de reelaboración y mejora, hasta alcanzar su cima en *Señas de identidad*. *La resaca*, por ejemplo, se inicia con la reproducción, con caracteres en mayúscula, de una frase típica de la propaganda política de posguerra: «Ni un hogar sin lumbre. Ni un español sin pan.» A continuación, a lo largo de todo el libro, Goytisolo describe la indigencia extrema de los habitantes del barrio para descubrirnos, por medio del contraste, la falsedad escondida en ese lema de propaganda. En *El circo,* las hermosas casas enjalbegadas de los veraneantes contrastan con la lamentable condición en que viven los emigrantes andaluces: «El Ayuntamiento lo había construido [el barrio] veinte años atrás para alojar a los pescadores arrojados del casco antiguo del pueblo por la invasión de los veraneantes. Desde entonces, su población se había cuadruplicado. Los primeros emigrantes habían logrado entrar en las casas de realquilados. Los otros habían acampado en la colina, con sus chabolas, casuchas y barraquitas» (p. 128).

De la misma manera, la vida aparentemente tranquila y sin problemas de los veraneantes de Las Caldas se muestra siempre interrumpida y alterada por la presencia de hechos perturbadores: la constante oposición y rebeldía de los hijos frente a los padres, manifestaciones políticas, asesinatos..., hechos, en fin, que *la buena conciencia* de la burguesía trata de ocultar o de ignorar.

Para hacer más efectiva su crítica, Goytisolo imagina un héroe que, por sus actos y su manera de ser, va a cuestionar el universo de valores burgueses.

El protagonista de *El circo,* Utah, es hijo de don Julio, un rico industrial catalán. A los cuarenta años, está casado y tiene dos hijos. De acuerdo con estas primeras señas personales, cabría esperar que Utah fuera un miembro más de la familia de don Julio y que, como tal, disfrutara de una vida acomodada y estable. Por el contrario, Utah carece de trabajo, es deudor de todos y acreedor de nadie, está enemistado con su padre y su hermano, su conducta es anormal y extravagante y, como consecuencia de todo esto, se ha convertido en la víctima idónea de la maledicencia de la gente de Las Caldas. Sin embargo, Utah no hace frente a esa sociedad que le disgusta, no la combate o intenta cambiarla. Su rebeldía no es constructiva; no es un luchador, es una víctima de una sociedad que no admite a los que pretenden burlar sus convenciones y sus reglas de juego.

No se determina en *El circo* —como ocurría con los protagonistas de *Juegos*..., por ejemplo— el proceso de separación de la burguesía seguido por Utah, es decir, no se nos da su biografía sino tan sólo los datos de su conducta en el presente, como si el autor estuviera únicamente interesado en mostrarnos los hechos concretos que componen la vida peculiar de Utah y dejara para el lector la tarea de deducir las causas que la han originado a partir de lo que ve hacer y decir al personaje. Porque Utah está siempre representando su papel de oponente al modo de vida burgués: una y otra vez se ríe de la moral de trabajo de su padre; de la inflexibilidad de las normas sexuales; del egoísmo que se esconde tras la venerada institución de la familia, cerrada a cal y canto al prójimo considerado como un extraño o intruso en el minúsculo clan. Pero su desafío —como el de todos los héroes románticos— dura poco. Acabará siendo presa de su propio atrevimiento y será acusado —erróneamente, pero no por ello de manera menos inapelable— de haber robado y asesinado a su propio padre. Al final, carente de una coartada con que protejerse, correrá la misma suerte trágica que persigue a todos los rebeldes de Goytisolo.

La personalidad del protagonista de *El circo* está hecha de paradojas y contradicciones inesperadas que contribuyen a hacer de él un personaje sobremanera interesante. Si Goytisolo hubiera creado un héroe rigurosamente positivo, dotado de una conciencia moral ejemplar puesta adecuadamente al servicio de una causa superior, el resultado habría sido un Utah ideológicamente correcto. Sin embargo, hubiera sido también humana y literariamente inferior al que, aun con su laxitud y sus defectos, tiene el valor de enfrentarse quijotescamente a unas circunstancias enormemente más poderosas que él.

Por una parte, Utah se nos presenta como desenmascarador de mentiras e hipocresías. Por otra, él mismo utiliza toda clase de mentiras descabelladas con el objeto de satisfacer su deseo de asombrar a los demás. En una ocasión, se hará pasar por gerente de una compañía de transportes públicos tan sólo con el objeto de crear desconcierto y confusión en un pobre empleado de la misma al contarle que la compañía ha ido a la bancarrota. En otro momento, inventará un levantamiento militar en Africa con el propósito de sorprender a una muchacha cuyo novio se encuentra cumpliendo el servicio militar.

Estas mentiras absurdas no cumplen otra finalidad que romper —de una manera surrealista, por su gratuidad y falta de lógica— la monotonía de la vida diaria que el protagonista de *El circo* no puede aceptar. Su temor es que la imaginación, su única arma contra la estrechez y el prosaísmo del medio ambiente, se le debilite o atrofie. Por eso recurre, cada vez con más frecuencia, al alcohol en el que encuentra un medio de activar su poder de transformar la realidad, aunque sea sólo a un nivel puramente mental, sin efectos prácticos.

A la vista de sus defectos y de su negatividad, no parece que sea posible proponerle como un ejemplo de desafío al sistema y a la sociedad burguesa: ¿a quién podría servir su conducta como modelo a seguir? Uno de los personajes femeninos de *El circo,* Matilde, parece darnos una definición definitiva e irrevocable de él: «Un hombre sin oficio ni beneficio y que, por añadidura, está medio chiflado» (p. 70). No obstante, no todos opinan como ella. Utah es querido y admirado por muchos. Todos los niños de Las Caldas sienten gran afecto por él, ya que siempre dispone de unos minutos para hacerles bromas y divertirles; su mujer, Elisa, le quiere incondicionalmente por encima (¿o, tal vez, precisamente por ello?) de los defectos que los otros le critican; incluso, para un grupo de jóvenes del pueblo es una especie de héroe carismático cuyos actos sirven de guía para sus vidas. Para todos ellos representa los valores que no pueden encontrar en la sociedad individualista en que viven. Utah no ahorra ni acumula dinero, como ellos han oído siempre decir que se debe hacer, sino que es generoso hasta el desprendimiento. No se niega a los demás enclaustrándose en casa con su familia sino que se abre espontáneamente a toda clase de personas sin juzgarlas simplemente por su condición o apariencia. Es ilógico y brillante; siempre dispuesto al juego, al buen humor, al disfrute del momento presente. Estas cualidades de su personalidad están condenadas en el código de la moral burguesa atiborrada de sentido común, de *bon seny* prevenido y previsor.

La fuerza de su rebeldía reside en su contraposición a las normas establecidas y en su capacidad de crear discípulos y es así como sus actos, aparentemente gratuitos, alcanzan su significación y sentido. Celia, una amiga íntima de su mujer, contrapone de esta manera la conducta de Utah y la de su hermana: «Su hermana era incapaz de comprender que un hombre no pagara su cuenta en los bares y diese en cambio una peseta a todos los niños que iban a visitarle. Su sentido común se sublevaba ante lo que ella llamaba ausencia de criterio. Holgada, satisfecha, se creía realista por haber vendido su vida a cambio de un plato de lentejas. Aceptar un buen partido, casarse e inundar el mundo de hijos era para ella lo lógico, procedente y correcto. *Cultivar amistades sin sentido, vivir sola, pasear por las colinas, en cambio, era nocivo, peligroso, malsano*» (p. 70. La cursiva es mía).

La rebeldía de Utah carece de programa u organización. Es un esfuerzo desesperado para liberarse del individualismo, de la hipocresía y de los formulismos que han obstaculizado su vida desde niño. Utah no pertenece a grupos o partidos políticos; es —contemporáneo de los *hijos de la ira*— un rebelde anárquico y aislado que dispone tan sólo de su modo especial de vivir para testimoniar su desprecio por lo establecido.

Dentro del contexto de la sociedad española de posguerra, la rebeldía de Utah se reduce, muy probablemente, a una gesticulación sin demasiadas consecuencias. Eugenio G. de Nora desmerece su conducta por «el hecho de que su afán evasivo desborde todo sentido de responsabilidad moral, y se oponga a las condiciones mismas inesquivables e inherentes a la vida»[5]. Pero hemos visto ya que actitudes más coherentes y responsables, como la del profesor Ortega o Giner, víctimas ambos de la fuerza represiva del sistema, estaban condenadas al fracaso. De ahí que en esta novela la alternativa desorganizada y romántica de Utah aparezca como el único tipo de disidencia con la norma oficial que la sociedad de la época estaba dispuesta a tolerar. Aun así, Utah acabará recibiendo castigo por su desvío. Una vez ingrese injustamente en prisión, la sociedad podrá sentirse aliviada de nuevo. En este sentido, el final de la novela es absolutamente revelador: mientras la policía le persigue por un parricidio que no ha cometido, los asistentes a la lujosa Gala Nocturna de Beneficencia, que se celebra en el casino del pueblo, prosiguen su fiesta al margen del drama que se está desarrollando afuera.

Como en *Fiestas* y en *Duelo*..., el mensaje contenido en *El circo* es sumamente desesperanzado. Utah es un caso más

---

[5] NORA, p. 324.

que ejemplifica una de las constantes de la obra de Goytisolo: su pesimismo respecto a España, país en el que, según se ve en sus novelas, el disidente, el que no está de acuerdo o propone puntos de vista diferentes a los oficiales está condenado a quedar aprisionado en las redes de la persecución represiva.

Utah nos dirige una llamada o invitación de carácter general a formas de vida más auténticas que las oficiales. Gorila, el protagonista de *Fiestas,* nos induce a reconsiderar nuestro sentido de la amistad mistificada por el individualismo imperante en la sociedad. En *Fiestas,* al igual que en las otras novelas, el personaje inadaptado tiene un nombre raro y está dotado de una personalidad fuera de lo común. En el caso de Gorila, tanto su conducta como su aspecto físico son especiales: su cuerpo, poblado de abundantísimo pelo, tiene apariencia semianimal y terrible. Como Ortega, Giner y Utah —aunque por diferentes razones— Gorila es objeto de la persecución de los representantes de la ley y el orden. Gorila se ve obligado a ocultarse y a huir perpetuamente porque es el autor de dos asesinatos cometidos sin motivo y a sangre fría. El asesinato de su propia hija fue producto de los celos. El de un guardia civil fue resultado de su carácter impulsivo.

Ambos homicidios, injustificables en un plano ético y legal, deberían contribuir a hacer de Gorila un ser monstruoso y despreciable a los ojos del lector. Sin embargo, en un plano estrictamente literario, no ocurre así. Junto a su instintividad, Gorila posee unas cualidades humanas extraordinarias. Es extremadamente generoso. Y es siempre el amigo fiel en el que se puede confiar incondicionalmente. De ahí que sea querido por todos los que le rodean: por la dueña del bar, por las prostitutas del barrio de pescadores, por los otros hombres de mar que lo aprecian y respetan.

De entre su extenso grupo de amigos, Gorila siente especial predilección y afecto por Pipo. Aparentemente todo parece indicar que la relación entre ambos debería ser improbable si no imposible. Pipo es un niño de unos trece años y Gorila un hombre maduro. Pipo pertenece además a una familia de clase media y es educado y correcto mientras que Gorila es un pobre pescador de maneras instintivas y torpes. En la vida real, Pipo y Gorila, separados por las barreras de la edad, la clase social y la educación diferentes, no podrían ser amigos. Por eso algunos critican la falta de verosimilitud de su amistad. Otros la justifican. Cedric Busette ve en ella una «parent-child relationship» en la que Pipo encontraría la protección afectiva que le niega la sociedad [6]. A. Martínez Adell, por su parte, observa: «No parece que a Goytisolo se le dé mucho en ello [en la falta de verosimilitud] y la verdad es que el tono, a medias real, a medias entresoñado, con que están vistas las aventuras, en su mayor parte nocturnas, le autoriza a despreocuparse de lo verosímil» [7].

Los personajes inadaptados de Goytisolo funcionan en la novela como contrapartida y reverso de una realidad insatisfactoria para traer la hermosura y la grandeza de sueños a la mezquindad de la vida cotidiana. Para Pipo, como él mismo confiesa, la amistad de Gorila constituye un «universo mágico protector»; Gorila, a su vez, encuentra gran satisfacción en ver que el niño es absolutamente feliz a su lado. Amistad pura, sin intereses secretos que la motiven, sin condiciones o convencionalismos espurios, muy diferente, por consiguiente, de las relaciones frías y calculadas a que nos fuerza un sistema económico-social basado en el individualismo. Como en el caso de doña Estalisnaa o en el de Utah, el idealismo de Gorila concluye en el fracaso. El propio Pipo —engañado por un agente de la policía que había entrado en sospechas de la extraña amistad del niño con Gorila— denuncia los crímenes que su amigo, ingenua y casi puerilmente, le había confesado.

Podría argüirse que, en la vida real, no nos encontramos con individuos como Gorila; o, incluso, de manera más general, que los personajes inadaptados de Goytisolo pecan de un idealismo excesivo que les hace perder contacto con la realidad y tiende a convertirles en meros entes de ficción. Pero, considerados dentro del marco de unas novelas escritas para expresar el desagrado del autor ante una sociedad anémica y gris, Utah, Gorila o doña Estalisnaa son una bocanada de aire fresco en

---

[6] CEDRIC BUSETTE: «Goytisolo's Fiesta: A Search for Meaning», en *Romance Notes*, 12, núm. 2 (1971), p. 270.
[7] MARTÍNEZ ADELL, p. 7.

un ambiente enrarecido. Representan una apelación sincera a virtudes nobles del hombre, como la magnanimidad y el compañerismo, y son una incitación unamunesca a la locura y al ideal que nos curen de una vida demasiado adocenada y a ras de tierra.

Con los años, y como consecuencia de un esfuerzo de autocrítica y renovación creadora totalmente necesario y justificado, Goytisolo ha tendido a minimizar el valor e importancia de las novelas del primer período estudiadas en los capítulos precedentes. Sin embargo, estas obras, además del valor histórico que tienen como una parte importante dentro de la totalidad de su producción, vinieron a cumplir adecuadamente la función a que estaban destinadas en el momento de su aparición: presentar de forma efectiva una serie de temas inescapables para los españoles. Sería erróneo juzgarlas ahora sólo a la luz de los supuestos novelísticos imperantes hoy. Hay que evaluarlas *en situación,* en relación con el mundo intelectual de la España de la época y con las obras contemporáneas suyas. En ambos contextos se destacan entre las mejores.

Estas novelas nos proporcionan un documento de la sociedad española de posguerra y de las diversas actitudes adoptadas por los españoles ante ella. Los recursos utilizados para este propósito son concebidos más como mero vehículo que como fin en sí. Esto no es óbice para que tengan una dignidad literaria considerable y para que incluso, en el caso de *Fiestas* y *El circo,* el autor logre dos obras bellas que, además de producir un hondo impacto humano, provocan en nosotros una genuina respuesta estética.

SEGUNDA PARTE

TESTIMONIO DE ESPAÑA

1.—Nueva formulación teórica

En el segundo período (1958-1962) Goytisolo escribe tres libros de viajes, *Campos de Níjar, La Chanca* y *Pueblo en marcha;* un libro de relatos, *Para vivir aquí;* una novela, *La isla,* y un libro compuesto de cuatro historias de tema común, *Fin de fiesta.* Publica además un conjunto de artículos agrupados en *Problemas de la novela.*

Es difícil señalar una línea de demarcación perfectamente clara que separe estos libros de los estudiados en la primera parte. El segundo período es el resultado de un proceso de evolución que se produce a un nivel ideológico y literario. Por eso es posible encontrar ya algunas de sus características en las dos últimas obras de la etapa anterior, especialmente en *La resaca.* Sin embargo, estas semejanzas no son nunca básicas; son tan sólo el anuncio anticipado del cambio que se va a producir más adelante.

Al llegar al final de la década de 1950, Goytisolo ha madurado muchas de las ideas que, aunque embrionarias y algo confusas, le sirvieron en su difícil tarea de crítica de la sociedad española de posguerra. Ha abandonado además algunas de las preocupaciones y problemas que encontrábamos en sus primeras obras y las ha sustituido progresivamente por otras de diferente carácter. La atención preponderante que otorgaba a la infancia y la adolescencia cede paso al interés por los problemas típico del estado adulto [1]. Asimismo la actitud egocéntrica del primer Goytisolo, que le llevaba al análisis y exposición de sus propios problemas personales, se transforma en una

---

[1] Véase RODRÍGUEZ MONEGAL: *art. cit.,* p. 46.

postura de comprensión y de acercamiento a otros seres humanos.

Igualmente, en su visión de España se operan cambios de importancia. España se clarifica y se concreta. Es una sociedad compuesta de hombres perfectamente identificables y precisos que no se ven afectados por las deformaciones imaginativas del período anterior. La sociedad española sigue desatisfaciéndole profundamente, pero ahora la razón está bien determinada: la injusticia básica de las relaciones sociales.

Ese es el rasgo fundamental que ve Goytisolo en la España del segundo período. Es una visión influenciada principalmente por una concepción marxista de la sociedad. Ve al país dividido en clases opuestas, irreconciliables: la burguesía poderosa y segura de sí misma y el pueblo abrumado. Goytisolo reflejará en su obra la situación en que éste se encuentra. El pueblo será, más que el obrero o el proletario de los centros industriales, el campesino cuya condición juzga más lamentable que la de los trabajadores de la ciudad. Ve en ellos a los desposeídos de todo y trata de descubrir su situación al resto de los españoles. Esto se advierte en los libros de viajes y en algunos relatos de *Para vivir aquí.*

Goytisolo analiza además a los miembros del otro grupo: la burguesía. Observa y expone sus modos de vida, sus ideas y condición dentro del contexto español y los pone de relieve en *La isla* y en *Fin de fiesta.* Al hacer esto, se va a encontrar en la misma encrucijada en la que se han visto otros intelectuales de este siglo. Por una parte, advierten los defectos y las responsabilidades de la burguesía y los critican acerbamente; por otra, se saben, por nacimiento y por educación, miembros de ella. Esto origina un conflicto interno, una inseguridad de *déclassé* y un sentimiento de culpabilidad nunca superados por completo. Goytisolo deberá sufrir este mismo doloroso proceso. Sin embargo, el rechazo de su clase no es por ello menos total: su crítica de la burguesía es implacable. Al mismo tiempo verá en la defensa de la causa del pueblo un modo de compensar sus culpas.

La obra de Goytisolo se torna en el segundo período más revolucionaria. La única alternativa que se considera viable para superar la injusticia es la revolución; y más específicamente una revolución de tipo socialista como la que contempla en Cuba. La violencia anárquica del pasado se encamina ahora a la consecución de un fin concreto: una España igualitaria donde los enfrentamientos desaparezcan. El escritor concebirá su obra como una contribución a ese cambio radical de la vida española. Estamos, pues, en el ámbito de la literatura de servicio; el novelista, como decía Sartre, ve así un modo de concebir la literatura «comme l'exercise permanent de la générosité» [2].

El segundo período es el momento en que la orientación política de la obra de Goytisolo se hace más patente. No es que no vea otros problemas; lo social y lo político le parecen los más apremiantes. Si elige el marxismo es por dos razones: es el modo más adecuado para explicar e interpretar la realidad española y es además el medio más adecuado para transformarla. Lo juzga, por consiguiente, como el método más eficaz de análisis y de acción. Para Goytisolo, como para George Orwell, el socialismo significa justicia y sentido común.

En este segundo período también se opera una afirmación y profundizamiento de los principios y los modos literarios sostenidos en el primero.

Esta actitud se concreta en *Problemas de la novela*. Por considerar que esta obra contiene la clave que nos facilita el acceso al segundo período, vamos a emprender su análisis en primer lugar para proceder luego al estudio de la obra de creación.

Problemas... reúne una colección de ensayos de no mucha extensión publicados en diversas revistas de Barcelona —la mayoría de ellos en *Destino*— en un período de dos años comprendido entre 1956 y 1958. Estos artículos, que giran en torno a diferentes aspectos de retórica y de teoría novelística, fueron concebidos primordialmente con un propósito polémico más que rigurosamente analítico y crítico. Sin embargo, sus puntos de vista y sus conclusiones son importantes, ya que estuvieron dotados de enorme fuerza renovadora en el panorama literario del momento. Algunos de ellos fueron escritos como respuesta a artículos de otros autores publicados en la prensa nacional;

---

[2] JEAN-PAUL SARTRE: *Situations II* (París: Gallimard, 1948), p. 154.

a su vez, los escritos por Goytisolo provocaron la reacción, no siempre mesurada y justa, de quienes no compartían sus opiniones.

Los ensayos de *Problemas...* están concebidos como un ataque a la temática y la técnica literarias típicas de la novela española de la primera mitad de siglo. Proponen, además, una serie de principios teóricos y prácticos para un nuevo modo de hacer novelas.

Cuando Goytisolo empieza a escribir en la década de 1950, el panorama novelístico estaba dominado por la llamada generación de 1940. Sus miembros más destacados son, entre otros, Gironella, Emilio Romero, Angel María de Lera, Luis Romero. Todos ellos, según Goytisolo, «social y moralmente pertenecen a la burguesía y expresan en sus obras un concepto burgués y conformista de la vida española cuyas premisas no ponen jamás en tela de juicio»[3]. Si intentan algún tipo de crítica nunca va más allá de tratar de atemorizar al público burgués como ocurre con el tremendismo, la característica estética que define a esta generación[4]. Estos escritores practican además un tipo de novela tradicional y escriben una «prosa rancia y castiza» sin pretensiones de innovación. Goytisolo se rebela contra su conformismo intelectual y estético por cuanto que significa una aceptación abierta o tácita de la situación española.

Lleva también Goytisolo su crítica a escritores de generaciones anteriores a la guerra; en especial ataca las ideas estéticas de una de sus máximas figuras en el plano teórico: Ortega y Gasset.

La crítica al pensamiento de Ortega no es nueva. Con anterioridad a Goytisolo otros escritores habían expresado disconformidad con ese pensamiento. José Díaz Fernández, en su ensayo *El nuevo romanticismo* (1930), ataca a los que «permanecen encerrados en sus torres estéticas, lejos del torrente social que no les conmueve siquiera»[5]. Díaz Fernández y los otros novelistas sociales de preguerra veían ya en su negación a lo social uno de los puntos débiles de las teorías orteguianas.

---

[3] Juan Goytisolo: *El furgón de cola*, p. 48.
[4] Gil Casado, p. 108.
[5] *Apud* Gil Casado, p. 95.

Goytisolo advertirá lo mismo. No critica todas las ideas literarias de Ortega, sino específicamente aquellas que van en contra de su concepción social de la novela. El punto que ataca con más fuerza es la defensa del arte puro en cuanto que conduce a la separación del artista del contexto social y político en que vive. Cuando Ortega dice, por ejemplo, en *Ideas sobre la novela:* «sólo es el novelista quien posee el don de olvidar él, y de rechazo hacernos olvidar a nosotros, la realidad que deja fuera de su novela»[6], está afirmando el *hermetismo* de la novela con relación a la realidad en torno. Va, por tanto, en contra del supuesto novelístico básico de Goytisolo. Paradójicamente, en las dos últimas novelas del tercer período y sobre todo en *Juan sin tierra,* Goytisolo, de acuerdo con la crítica de tendencia formalista, concibe la novela como entidad auto-referencial, con menosprecio hacia el referente.

En *Problemas...* se dice que, bajo la influencia de las ideas de Ortega, bastantes escritores ignoraron la realidad concreta del país y se dedicaron a la creación de una literatura al margen de la sociedad. Estos autores, menospreciando la supuesta vulgaridad de la vida de todos los días, pretendieron escribir sobre temas universales, al margen de cualquier referencia a lo real. Las novelas de Benjamín Jarnés son un buen ejemplo de ello. El escritor, enclaustrado en su torre de marfil, venía a ser una especie de dios situado más allá de los límites del tiempo y del espacio humanos, cuya función estuviera limitada a la creación de objetos bellos, incontaminados de las impurezas e imperfecciones de la realidad del hombre. Este arte bello era concebido, además, únicamente para un público reducido y minoritario.

Al exponer sus ideas antiorteguianas, Goytisolo descubre la contradicción existente entre el arte para minorías y la inmensa mayoría de los habitantes del país abrumados por la indigencia económica e intelectual. En ese momento, Goytisolo no estaba solo en su actitud contraria a Ortega. Su oposición al autor de *La rebelión de las masas* era compartida por gran parte de los intelectuales, que no sólo no habían cerrado los ojos a la sociedad, sino que pretendían que ocupara el primer lugar en la lista de sus prioridades artísticas y humanas.

---

[6] José ORTEGA Y GASSET: *Meditaciones del Quijote e Ideas sobre la novela* (Madrid: Revista de Occidente, 1970), p. 189.

En el período anterior a 1939, la separación del escritor y su contorno trajo consigo el que escritores de segunda fila vinieran a asumir la función social que otros autores más calificados habían declinado. En cuanto a la posguerra, las ideas de Ortega contribuyeron a que algunos intelectuales se marginaran voluntariamente y sin protesta de la realidad injusta y pobre del país, ya que Ortega les daba, con su prestigio, una justificación moral a su conducta. Al desentenderse del mundo exterior, el escritor se condenaba, sin embargo, a un papel de mero espectador sin influencia ni significación auténticas en la sociedad.

Contra esto se rebelaron los escritores jóvenes de los que Goytisolo se hace portavoz en *Problemas...* . Había que superar la ruptura entre escritor y público. Para ello la literatura debía enraizarse en la sociedad y debía reflejar los problemas concretos —no abstractos e intemporales— que tenía planteados: la pobreza y la falta de educación del pueblo, la ausencia de libertad política e intelectual, el atraso técnico y cultural. Era necesario hacer hincapié especialmente en que la literatura se ocupara del *hic et nunc* —con todas sus limitaciones y molestias— del hombre español. Goytisolo subraya que, contrariamente a lo que creían los escritores orteguianos, sólo al españolizarse, podía la novela española hacerse universal.

No elabora Goytisolo en el vacío su concepto de la función social del novelista. Antes de la aparición de su libro se habían publicado ya algunas novelas que reflejaban esta corriente de nuevas ideas: *El Jarama,* de Rafael Sánchez Ferlosio, *Los bravos,* de Jesús Fernández Santos. Lo que trataba de hacer era establecer una base teórica que sustentase los logros conseguidos por los jóvenes escritores en el campo de la creación a la par que abrir alternativas nuevas con que ayudar al escritor en su búsqueda de una comunicación efectiva y real con su público. Para alcanzar este último propósito emprende dos caminos distintos, pero a la larga convergentes.

Sostiene, en primer lugar, la conveniencia y la necesidad de que el escritor español salga del estrecho cerco del mundo de España en búsqueda de otros más auténticos y enriquecedores y dirija su mirada a otras literaturas que puedan servirle de orientación. Como el panorama cultural e ideológico es-

pañol estaba desierto y las nuevas promociones carecían de
dirección debido principalmente al exilio masivo de los intelectuales a causa de la guerra, una de las pocas soluciones era
tratar de encontrar maestros en el extranjero.

Se interesa sobre todo en Italia por la similitud existente
entre los problemas de ese país en la época de Mussolini con
los de la España contemporánea. Además, la Italia posterior a
Mussolini representaba, y representa aún, para muchos la esperanza de un cambio y el modelo de cómo este cambio podía
llevarse a cabo. Acude a los escritores italianos que tuvieron
que escribir bajo el fascismo para aprender de ellos cómo acer-
taron a plantear en sus obras los problemas reales de sus compatriotas sorteando la férrea censura impuesta por Mussolini.
Encuentra sus modelos en obras como *Conversación en Sicilia*,
de Elio Vittorini, o *Cristo se detuvo en Eboli*, de Carlo Levi.

Otra fuente de inspiración proviene de destacados novelistas americanos, como Ernest Hemingway, John Steinbeck o
John Dos Passos. Se interesa en ellos por lo que pueden apor-
tar a su concepción popular del arte; también porque, como
había proclamado Sartre, a diferencia de los escritores franceses, los americanos proceden de medios cultos y refinados:
«L'Américain, avant de faire des livres, a souvent exercé des
métiers manuels, il y revient; entre deux romans, sa vocation
lui apparaît au ranch, à l'atelier, dans les rues de la ville, il ne
voit pas dans la littérature un moyen de proclamer sa solitude,
mais une occasion d'y échapper» [7].

El cine ha de influir en las técnicas narrativas de la novela
contemporánea. En este campo los ejemplos a seguir son sobre
todo las obras maestras del cine neorrealista: *Ladrón de bicicle-
tas*, de Vittorio de Sica, historia de un obrero que se ve obligado a robar para sobrevivir, o *Roma, ciudad abierta*, de Roberto
Rosselini, sobre la defensa del pueblo italiano contra el fascismo.
En cualquier caso, el autor se inclina siempre por un tipo de
arte que recoja y exprese el dolor y las aspiraciones del hombre
situado en su circunstancia histórica particular y concreta.

Dentro del panorama nacional encuentra también modelos
que divergen de los establecidos. Entre los autores del siglo xx

---

[7] SARTRE, p. 202.

prefiere a Baroja por la sobriedad de su estilo y la objetividad del narrador. Por el contrario, las novelas de Unamuno son consideradas como una manifestación egocéntrica del autor, que crea unos personajes y situaciones intemporales y abstractos, válidos sólo en cuanto símbolos.

Las aportaciones de Goytisolo están dotadas de especial fuerza y novedad en su redescubrimiento de la novela picaresca a la que juzga como importante fuente de inspiración para el escritor contemporáneo.

Si vuelve la mirada hacia la literatura clásica no es por mera erudición sino por considerar que la novela picaresca tenía algo que ofrecer al escritor de hoy. Dos son los valores principales que descubre en ella. En primer lugar, la picaresca cumplió una inestimable labor de observación y denuncia de los problemas de la España del Siglo de Oro que se corresponde con la función asumida por el novelista de posguerra en su propósito de develar los males e injusticias de la sociedad presente. Además, los autores de la novela picaresca mostraron gran habilidad y pericia para salvar los obstáculos y los peligros que la discriminación y la persecución religiosa de la época presentaban a sus obras: un ejemplo típico sería Mateo Alemán al expresar indirectamente el drama del converso en la sociedad intolerante del siglo XVII.

De entre los recursos literarios utilizados por los autores clásicos considerados como todavía útiles se destacan sobre todo el humor y la ironía. Uno de los libros de la picaresca preferidos por Goytisolo es *Vida y hechos de Estebanillo González;* el autor incluye un fragmento de esta obra titulado «la batalla de Norlingen» para ilustrar el uso de estos recursos. En él, el autor-protagonista de la novela, enrolado en los tercios que estaban de acción en Europa, nos muestra, de manera indirecta y jocosa a la vez, su desprecio por la valentía del soldado en el campo de batalla que no conduce sino a una muerte triste en el anonimato. Para transmitirnos su mensaje Estebanillo utiliza el humor y la ironía que le sirven para disimular, pero no reducir, la carga subversiva de su libro.

El escritor moderno tiene igualmente en estos procedimientos dos armas eficacísimas con que burlar la rigidez e inflexibilidad de la censura. Goytisolo lo ha entendido así desde la aparición de sus ensayos y ha hecho, y sigue haciendo, uso abundante de ambos. Humor —negro y truculento las más de las veces— lo hay en casi todas las obras del segundo y tercer período. Por ejemplo, en el relato El viaje (en Para vivir aquí) el uso del humor adquiere una función social de denuncia del atraso sexual de un pueblo andaluz. En Señas de identidad y Reivindicación del conde don Julián encontramos varios pasajes que ilustran el uso efectivo de estos recursos.

El análisis de Goytisolo no se limita a lo temático. Su preocupación por la técnica y por la forma literaria está también expresada en Problemas...

En este aspecto profundiza y asegura el realismo del período anterior. Basándose en los análisis fenomenológicos y exisciales de Merleau-Ponty y de Sartre, ataca los supuestos de la novela psicológica. Aquí se apoya de nuevo para su ataque en razones de compromiso social: «El descubrimiento y exploración de los 'filones secretos del alma' justifican la evasión, el escapismo. Convertido en centro y eje del universo, el novelista puede desdeñar lo ocurrido en la calle» [8].

Por otra parte, en la novela psicológica, los personajes no se ven afectados por las circunstancias sociopolíticas, sino que son meros muñecos a merced del capricho del autor que los crea a su gusto. Sus palabras y sus actos no se corresponden con el grupo social a que pertenecen sino que van de acuerdo con lo que Ortega denomina psicología imaginaria.

Goytisolo identifica novela psicológica con novela burguesa porque ambas se fundan en una concepción individualista del escritor, en una falta de conciencia social. Esta forma de novela sería, pues, otro modo de hacer el juego al sistema, al poder.

Frente al método psicológico se reafirma en el realismo. Con los años, el realismo de la generación del 54 se convierte en más concreto y excluyente y pasa a ser denominado behaviorismo. El término estuvo muy en boga entre los críticos de la década de 1950. La literatura de posguerra, asentada en la tradición, necesitaba novedades. El behaviorismo, con su prestigio venido de fuera, prometía posibilidades innovadoras.

Una obra contribuyó en especial a la difusión de esta co-

---

[8] JUAN GOYTISOLO: Problemas de la novela, p. 59.

rriente entre los críticos y los escritores más vanguardistas: *L'âge du roman américain*, de Claude-Edmonde Magny, publicada en 1947 [9]. Tuvo un gran éxito en Francia, entre otras razones porque introdujo en el país, frustrado y aislado de la posguerra, las tendencias novelísticas y cinematográficas norteamericanas. El libro denota un gran talento crítico por parte de la autora; en su reimpresión veinte años después, René-Marie Albérès la considera una obra clásica. Prueba de su interés aún hoy, en 1972 se traduce al inglés en Estados Unidos [10].

El *behaviorismo* tiene una característica fundamental. Frente a la introspección usada como método por la psicología tradicional y freudiana, se propone únicamente el estudio externo del comportamiento humano y de los datos que son directamente observables. Magny lo define así: «El behaviorismo se define por su suposición de que la realidad psicológica de una persona o animal se limita a lo que puede ser percibido por medio de la observación meramente externa (el ejemplo más más extremo es la lente de una cámara fotográfica); y de que todo aquello que el individuo puede conocer sólo a través del auto-análisis debe ser eliminado. En breve, la realidad psicológica debe reducirse a una sucesión de actos en los que las palabras o los gritos tienen la misma importancia que los gestos» [11]. En el campo de la psicología puede conducir, por su negación de la validez de la conciencia y de la voluntad humanas, a situaciones peligrosas de negación de la libertad, como se pone de manifiesto en *Beyond Freedom and Dignity*, de B. F. Skinner, y en las polémicas sostenidas entre este autor y Noam Chomsky.

Los principios conductistas se aplican a la novela. El análisis de caracteres o el autoanálisis se consideran como un enmascaramiento de la verdad, como un falso enaltecimiento de la auténtica realidad del hombre: «cuando el hombre se contempla a sí mismo no puede evitar dramatizarse; a veces, si

---

[9] Otro libro importante es el estudio de JEAN POUILLON: *Temps et roman* (París: Gallimard, 1946).

[10] En este estudio utilizo la edición americana: CLAUDE-EDMONDE MAGNY: *The Age of the American Novel* (The Film Aesthetic of Fiction between the Two Wars), trad. Eleanor Hochman (Nueva York: Fr. Unglar Publishing Co., 1972).

[11] MAGNY, p. 40.

tiene talento, crea una fábula interesante —como la que un mitómano puede inventar—, pero que carece de toda verdad. La novela de análisis tiende inevitablemente a darle una idea demasiado orgullosa de sí mismo» [12]. El novelista, por tanto, debe perseguir ahora, más que el realismo que crea grandes personajes con una personalidad rica y densa, el puro reflejo de los actos externos del personaje sin profundizar en los motivos o las implicaciones.

Además de las ideas behavioristas, el cine influencia ahora no los temas sino el modo narrativo de la novela. El cine ha cambiado nuestra manera de percibir la realidad: nos hemos acostumbrado a que nos muestren las historias en vez de que se nos narren. José María Castellet en *La hora del lector* se hace eco de esta influencia: «la nueva forma de novelar consiste en narrar historias con la misma objetividad con que lo haría una cámara cinematográfica» [13].

El uso muy abundante del diálogo es uno de los medios más eficaces de que se sirve el novelista para la consecución de este propósito. *La isla* es un ejemplo. Había sido concebida, sintomáticamente, como guión destinado a convertirse en película; en ella, la narración queda reducida a párrafos breves, especie de acotaciones interpoladas entre una masa compacta de diálogo sin excesivo contenido y carente de dramatismo.

Magny menciona a Hemingway y a Caldwell, entre otros, como ejemplos de escritores behavioristas. Pero el maestro del género es Dashiell Hammett, autor de *The Maltese Falcon, The Glass Key* y *Red Harvest*. Algunas características que Magny atribuye a Hammett se encuentran también en Goytisolo. Gracias a la perfecta objetividad con que se presentan los hechos, el estilo de Hammett se convierte en extraordinariamente austero y frío: «all rhetoric is scrupulously banished from his work, in which the facts are described with the nakedness of a police report» [14].

En *La isla* se nos cuentan las desgarradoras aventuras que les ocurren a los personajes con el distanciamiento más absoluto, casi sin ninguna vibración humana. El *behaviorismo* se revela

---

[12] *Ibid.*, p. 68.
[13] José María Castellet: *La hora del lector* (Barcelona: Seix y Barral, 1957), p. 36.
[14] Magny, p. 41.

así como más adecuado que el análisis interior para exponer situaciones en las que la conciencia del personaje no está muy clara o bien definida; en especial, para describir personajes de poca densidad humana, propios de las novelas de detectives o también de los personajes-grupo de Goytisolo o de otros autores, como ocurre en *El Jarama,* de Rafael Sánchez Ferlosio, o en *Nuevas amistades,* de Juan García Hortelano.

Fruto de esta objetividad es la desaparición —ahora ya total— del autor. Este silencia sus opiniones, pensamientos y reacciones por completo. En el caso de Hammett, se llega a actitudes extremas que llegan a poner en entredicho la claridad de lo narrado al recurrirse a circunloquios para obtener una objetividad completa. Así, para evitar decir que Ned Beaumont «felt he was going mad», lo cual implicaría un juicio del narrador, se usa la larga perífrasis: «he took the lighter and looked at it. A cunning gleam came into his one open eye as he looked at the lighter. The gleam was not sane» [15].

En Goytisolo, este propósito produce cambios en el punto de vista. Se abandona la tercera persona y se adoptan técnicas en las que desaparece el narrador omnisciente del primer período. La función que el autor se atribuye a sí mismo es equiparable a la de la cinta magnetofónica: reproduce con fidelidad, exactitud y sin interferencias la conducta de los individuos del sector de la sociedad que se ha elegido reproducir.

En las novelas y relatos, Goytisolo utiliza exclusivamente la primera persona, pero ésta no se corresponde con el yo del autor sino con el de un personaje que es el narrador de la historia. De esta manera pretende alejarse por completo de la historia que queda, por así decirlo, en manos de sus propios personajes. Incluso en los libros de viajes —donde el yo del autor y el del narrador son el mismo— se emplean recursos que contribuyen a dar objetividad al relato, a hacer que nos olvidemos de la presencia del autor.

Por influencia del cine se prueban diversos recursos en la narración como la yuxtaposición de dos escenas —en el cine, imágenes— diferentes, no conectadas entre sí, sin comentario alguno del novelista que sirva para unirlas o relacionarlas. El

---

[15] *Apud* MAGNY, p. 41.

uso de la elipsis es otro ejemplo: no se dan todos los datos de la acción sino que se deja que el lector los conjeture; las oscuras relaciones de la mayoría de los personajes de *Fin de fiesta* pueden servir como ilustración.

Las obras del segundo período están escritas conforme a estos principios básicos del behaviorismo. *Problemas...* se convirtió en el manual behaviorista de los novelistas jóvenes. Fue una obra avanzada e innovadora para su época, pero ha quedado en muchos aspectos envejecida y buen número de sus afirmaciones han sido superadas con el tiempo. Son varias las objeciones que se pueden hacer al libro, ya sea con relación a la actitud que se transparenta en sus páginas como a su contenido.

Algunos de los puntos que se defienden en el libro están simplemente expuestos, pero carecen de una sustentación teórica bien fundamentada. Se advierte la falta de documentación seria en algunas de las materias tratadas, lo cual resulta en detrimento de la validez de las opiniones defendidas. Martínez Cachero ha mencionado, por ejemplo, los errores existentes en la crítica de la novela psicológica [16]. La inclusión dentro de un mismo grupo literario de escritores tan dispares como Proust y Unamuno o las contradicciones de la crítica de la novela de Robbe-Grillet son otros ejemplos.

Otras afirmaciones adolecen de un exceso de inflexibilidad al negar rotundamente el autor el valor de aproximaciones o ideas diferentes de las suyas con respecto a la novela o al arte en general. Su rechazo de Ortega o de Unamuno, por ejemplo, especialmente en lo que concierne a sus teorías literarias, parece ahora, al cabo de casi veinte años, desmesurado e impropio.

Hay que notar, sin embargo, que si Goytisolo adopta una actitud de rigidez crítica frente a algunas figuras del pasado es, en buena parte, debido a la necesidad, sentida por él y por los miembros de su generación, de autofirmarse frente a generaciones precedentes. La generación del 98 tomó una postura similar frente a escritores anteriores, como Galdós, movida igualmente por el deseo de imponer los caracteres de su personalidad intelectual y sus fines ideológicos y literarios.

---

[16] Véase JOSÉ MARTÍNEZ CACHERO: *art. cit.*

Otras ideas han sido simplemente superadas por la evolución que se ha operado en el campo de la novela en las dos últimas décadas. El uso de recursos técnicos, como el distanciamiento absoluto del novelista y la objetividad fotográfica, no son considerados ya como los únicos medios adecuados. No se hace ya novela objetivista del modo en que se hizo en España en los últimos veinte años.

Si *Problemas...* es una obra que tiene para nosotros más un valor histórico que actual sería erróneo menospreciar la importancia que tuvo dentro del panorama literario en el momento de su aparición. Esto lo reconocen incluso sus críticos más acerbos.

El libro vino a abrir nuevos caminos al margen de la crítica oficial que había paralizado la vida literaria del país. En este sentido, representó un desafío a lo establecido y una alternativa de renovación. Por otra parte, proveyó a los compañeros de promoción de Goytisolo de una necesaria base teórica en una época de la historia española en que la falta de maestros fue sufrida de manera particularmente dolorosa y dramática por los jóvenes del país.

Contribuyó, además, a la introducción de ideas y de corrientes extranjeras en España cuando ésta vivía en una atmósfera asfixiante y cerrada a lo extra-peninsular. Con este propósito se incluye en el apéndice de la obra una serie de textos de autores europeos contemporáneos, desde Elio Vittorini y André Malraux a Georg Lukács y Bertolt Brecht. Un poco antes lo había hecho José María Castellet en *La hora del lector:* como siempre, para estos autores la preocupación informativa es primordial. La función que estaban destinados a cumplir era no sólo la de introducir unos nombres desconocidos entonces por la mayoría sino también proporcionar el acceso, siquiera breve e incompleto, a unas obras básicas que estaban fuera del alcance del lector español.

Las obras del segundo período nos revelan a un autor que se mueve en una dirección ideológica y literaria más consciente y uniforme. Las ambivalencias y las contradicciones desaparecen; también los elementos imaginativos e inverosímiles. Esto da mayor homogeneidad y solidez a las obras que se convierten en documentos veraces y exactos de la sociedad del momento. Por eso el tiempo y el espacio son todavía estrictamente los reales. Por otra parte, con el logro de la objetividad, desaparece la ternura y la emoción que embellecían numerosas escenas de las novelas previas. El pesimismo con respecto a España se agudiza y se torna más desesperanzado sin la evasión hacia la tristeza que se evidenciaba en el pasado.

Las novelas y los relatos pecan de rigidez en la aplicación del método behaviorista concebido más como más una imposición que como necesidad intrínseca a ella [17]. Esto da un esquematismo excesivo a su planteamiento técnico y estructural así como al desarrollo de los personajes, autónomos con relación al autor, pero faltos de verdad humana. Este hecho origina el que funcionen en la novela como testimonios de la realidad político-social de España; no para dar fe de la vida en todas sus dimensiones y facetas.

Del conjunto de la producción del período, los libros de viajes se destacan por encima de la obra de ficción, ya que se ajustan más adecuadamente al propósito formal del autor. *La Chanca* es el más logrado de todos ellos. En cuanto a las obras de ficción, la cuarta historia de *Fin de fiesta* es la más importante, dado que es la que mejor conjuga la validez del testimonio social con la autenticidad humana de los personajes.

---

[17] Véanse MANUEL GARCÍA-VIÑÓ: *Novela española actual* (Madrid: Guadarrama, 1967), y JOSÉ MARTÍNEZ CACHERO: *La novela española entre 1936 y 1969.*

2.—La visión de Andalucía

En relación con las teorías contenidas en *Problemas...*, Goytisolo escribe *Campos de Níjar, La Chanca* y *Pueblo en marcha.* Todas estas obras hay que incluirlas, por su temática y características formales, dentro del género de los libros de viajes. Con *Campos de Níjar,* Goytisolo, otra vez innovador y a la vanguardia, introduce en la literatura española el libro de viajes escrito con el fin de darnos un testimonio de la realidad. Camilo José Cela había iniciado la renovación con *Viaje a la Alcarria,* pero a su obra le falta el propósito testimonial; lo que predomina en ella es el pintoresquismo y el buen humor. Según Pablo Gil Casado, *Campos...* «es el primer relato de intención plenamente testimonial y el que fija este género de libros en todos sus aspectos» [1]. Todo un grupo de libros de viajes de los compañeros generacionales de Goytisolo (*Caminando por las Hurdes,* de Antonio Ferres y Armando López Salinas, *Tierra de olivos,* de Antonio Ferres, etc.), tiene su punto de partida en *Campos...*

Todas estas obras comparten la característica fundamental de proponerse describir las condiciones de vida en que se encuentra el pueblo dentro de la sociedad española.

Campos... y *La Chanca* tienen además otro rasgo en común. Los dos libros están situados geográficamente en el sur de España y, más concretamente, en la región de Almería.

.El que Goytisolo elija una provincia de Almería como el lugar más apropiado para sus viajes se debe a que tuvo contacto —en Barcelona y durante su servicio militar— con la

---

[1] GIL CASADO, p. 424.

triste situación de los habitantes más pobres de la región de Andalucía. Colocado entre la doble alternativa de la España rica, donde nació y recibió su cultura y sus modos de vida, y la pobre y desahuciada de una provincia del Sur con la que, al menos en principio, una identificación parecería más difícil e improbable, opta por la última; se solidariza así con los hombres injustamente desposeídos de los medios que harían su vida digna y humana. Sin embargo, el mundo descrito en *Campos...* y *La Chanca* asume una función de universalidad mayor que la comprendida en los límites de la provincia de Almería. El testimonio económico, social y humano que los libros proporcionan podría haber sido aplicado con pocos cambios a otras zonas de la geografía española.

Goytisolo no va al Sur con una actitud de admirador emocionado ante la belleza de lo que contempla. Va con la idea preconcebida de antemano de que lo que, en el escritor-viajero produce breve delectación estética, es miseria y dolor para el pueblo que vive, año tras año, en el ámbito de un entorno inhóspito. La tarea que se propone es someter Andalucía a un análisis de tipo básicamente histórico y económico-político. Las conclusiones teóricas de este análisis están contenidas en el estudio titulado «Tierras del Sur», escrito como prólogo a la edición italiana de *Campos...*, y recogido en *El furgón de cola* [2]. Las ideas contenidas en «Tierras del Sur» son innovadoras y suponen una aportación realista y seria al problema del sur de España. Su aplicación en el terreno literario aparece en los libros de viajes, *Campos...* y *La Chanca*.

El género de los libros de viajes se ajusta al propósito de objetividad documental absoluta que el escritor está buscando ahora. El libro de viajes se presta más que la novela a la objetividad, ya que el autor no puede ignorar al menos su referencia a la realidad vista y vivida en el transcurso del viaje e independiente de su subjetividad. Esto es verdad incluso en autores como Cela para el que el viaje es un mero accesorio de la obra, lo que la pone en marcha personal y de alta calidad estética que es lo que constituye el motivo central de la obra, como ocurre en *Viaje a la Alcarria*.

---

[2] JUAN GOYTISOLO: *El furgón de cola*, pp. 188-203.

Goytisolo va a introducir, con todo, dentro del género modificaciones con que adaptar la forma tradicional del mismo a sus fines de testimonio y de denuncia. Sus libros de viajes difieren con relación a las obras anteriores en que su interés primordial no es la descripción del paisaje de los lugares que el escritor recorre sino el hombre que habita en ellos: «Viajar por España, no para describir al hombre como un elemento más del paisaje —en función de un criterio estético, como hicieron el Noventa y Ocho y más recientemente Camilo José Cela— sino para pintar el hombre y el paisaje en que el hombre nace, trabaja, pena y muere es un primer paso importante para acercarse a nuestras realidades españolas y forjar una literatura y un arte solidarios, auténticos» (*El furgón de cola,* p. 190).

En Goytisolo, el paisaje es primordialmente «hábitat»; el interés del autor se centra en hacernos ver las relaciones existentes entre él mismo y los hombres que moran en él. Esta idea supone una innovación considerable en la literatura española del género que, hasta la aparición de *Campos...,* había considerado la naturaleza como fin en sí que venía a constituir, además, el motivo central y casi exclusivo del libro de viajes. Cuando, por ejemplo, el escritor del 98 —para escoger una generación con gran vocación viajera que dio obras representativas del género— se adentraba en tierras castellanas, lo hacía principalmente interesado en redescubrir el paisaje de Castilla; en darle una interpretación conforme a su intimidad y susceptible de satisfacer sus exigencias emocionales y estéticas [3]. En Goytisolo, por el contrario, lo básico es el hombre, su modo de vida y costumbres, unas veces condicionadas por el entorno natural y resultado del mismo; otras, consecuencia de su respuesta y reacción ante él.

De acuerdo con la inspiración marxista de este período, Goytisolo no concibe al hombre y a la naturaleza como entes abstractos, que deben considerarse y ser estudiados por separado, sino que trata de ver la relación entre ambos y su influjo mutuo. El resultado en la obra literaria es una naturaleza y unos seres humanos más reales que los de otros viajeros del pasado. La

---

[3] Véase CARLOS BLANCO AGUINAGA: *Juventud del 98* (Madrid: Siglo XXI, 1970), pp. 291-323.

visión de la Castilla eterna de Unamuno —su sierra de Gredos que «está fuera del tiempo, fuera del pasado y del futuro, en el presente inmóvil, en la eternidad viva»; la de Azorín, albergue de caballeros e hidalgos; o el Levante bello y perfecto de Miró no están presentes en Goytisolo. Se transforman en la Andalucía abrumada por la pobreza y el subdesarrollo; en unos hombres concretos e inmediatamente identificables que deben sufrir, día a día y al margen de cualquier abstracción más o menos finamente elaborada, el dolor de sentirse plenamente desahuciados en su propia tierra.

Goytisolo asume en los libros de viajes una doble función: es el mediador entre la realidad exterior andaluza y su materialización en el libro; y es, además, el transmisor de dicha realidad al lector.

Por una parte, mediador objetivo e imparcial que registra el paisaje natural de Almería procurando omitir juicios o reacciones personales ante lo visto, como puede advertirse en este párrafo en el que el ojo del narrador observa detalladamente las tierras de Níjar: «El camino es el mismo que tomé al venir (...), a la derecha, las montañas se entrelazan hasta perderse de vista en el horizonte. A la izquierda, son las tierras alberas del llano, cultivadas a trechos y esfumadas por la calina. Por poniente bogan nubecillas vedijosas. Las cigarras zumban en los olivares. Encampanado en el cielo, el sol brilla sobre el campo de Níjar» (*Campos...*, p. 60).

Por otra parte, es el transmisor que nos comunica los puntos de vista de los habitantes de Almería con los que conversó durante las jornadas de su viaje y que cumplen en el libro un papel de interlocutores-informantes. Goytisolo traba conocimiento con estas gentes en diversos lugares y situaciones: durante las horas de comida en fondas modestas; en la barbería del pueblo; en la cabina de un conductor de camión; en el autobús. Otras veces, encuentra a sus interlocutores en una carretera de segundo orden o en las empinadas calles del barrio de La Chanca que el autor recorre a pie.

La mayor parte de sus interlocutores-informantes son de extracción popular: campesinos, obreros, pescadores. La Almería que se nos ofrece en *Campos...* y *La Chanca* es la del pueblo y está vista, además, desde una perspectiva popular.

La única excepción es don Ambrosio (en *Campos...*), un pequeño propietario de tierras que lleva al autor en su camión. Don Ambrosio nos da una versión de Almería propia del que posee los medios para vivir cómodamente y sin necesidades económicas.

El propósito de Goytisolo de mantenerse fiel a la realidad que describe se comprueba en otros aspectos de los libros de viajes. Se nota en ellos un esfuerzo constante por reproducir el lenguaje popular coloquial, ya sea el peninsular o el hispanoamericano, como ocurre en *Pueblo en marcha*. Véase, por ejemplo, en este fragmento de una conversación sostenida con un ocasional compañero de asiento en el autobús. El hombre le explica la necesidad que tienen los campesinos de usar arena en los campos de cultivo con el objeto de mejorar la calidad de la tierra: «Pá guardá el caló. Las verduras crecen más aprisa y llegan al mercao antes que d'ordinario. Es un método de Las Canarias que aplican por la parte de La Rápita. Aquí, cuando lo empleó el amo del tempranal, tól mundo decía que se iba a cogé los deos, pero el tío se embolsilló arriba de los cincuenta mil duros a la primera cosecha» (*Campos...*, p. 13).

Con este procedimiento, Goytisolo pretende reintroducir el habla popular dentro de la literatura de posguerra. Más que una pretensión pintoresca se trata de un propósito documental. Es en este sentido como el recurso utilizado por Goytisolo aparece como diferente y renovador y es otro factor más que contribuye a hacer de *Campos...* y *La Chanca* libros de avanzada dentro de la literatura de libros de viajes. En la obra ya mencionada *Caminando por las Hurdes* y en *Donde las Hurdes se llaman Cabrera,* de Ramón Carnicer, se hará uso parecido del lenguaje popular.

Goytisolo evidencia también un amplio dominio de los términos del campo que cuida de seleccionar con precisión, en busca siempre del vocablo exacto. Así es como se nos describe un campo de olivares: «Los balates están trazados con gran regularidad, separados por hormas de medio metro y, en los entreliños, el amo ha sembrado garbanzos» (p. 42).

Este interés del autor por apropiarse el lenguaje del hombre en relación con su medio de trabajo se repite en otros libros como *Fin de fiesta,* donde su atención se centra en los términos referentes al mar. En ambos casos, en que el escritor se traslada de su entorno natural e inmediato, la ciudad, a otro en principio extraño y lejano a él, su actitud revela un interés que va más allá de lo superficial o anecdótico; busca una compenetración, lo más profunda y completa que sea posible, con el nuevo ambiente y sus hombres hasta llegar a abarcar el área de lo lingüístico.

De acuerdo con esta preocupación de Goytisolo por el logro de la exactitud en la expresión, el estilo general de los libros de viajes es de gran sobriedad y da pocas concesiones al vuelo de la imaginación o a preciosismos puramente formales. La prosa es, sin embargo, en su sobriedad y sencillez de excelente calidad: «no es seca, ni en ningún momento descuidada cumpliendo con dignidad su función de testimonio de un tiempo y un país» [4].

El uso de imágenes es escaso y está adecuadamente elegido y distribuido en la obra en consonancia con el contenido de manera que la imagen no asfixie nunca al tema y lo relegue a segundo término, sino que sirva estrictamente para reforzarlo acrecentando su intencionalidad y su impacto en el lector. Así, cuando Goytisolo llega a San Miguel de Cabo de Gata y quiere comunicarnos la especial impresión de aridez y de atraso que le produce el primer contacto con el lugar, recurre al uso de la siguiente imagen que nos describe la playa del pueblo: «Las barcas varadas en la playa parecen insectos arrojados allí por el temporal, son como gigantescas mariposas sin vida» (p. 78).

Tanto en *Campos...* como en *La Chanca*, se incluyen fotografías de los lugares recorridos, lo que contribuye a aumentar el carácter de documento objetivo de las obras. La duración de los viajes es breve: tres días en *Campos...*; uno en *La Chanca*.

De los dos libros, *La Chanca* conlleva un mensaje político y social sobre la realidad andaluza más explícito y directo que el de *Campos...* . Esto se debe a que el libro fue publicado fuera de España tras seis años de ausencia del autor fuera del país. Por eso le doy una atención más detallada.

El análisis de Almería que nos da Goytisolo sigue siendo

[4] JOSÉ LUIS CANO: «Juan Goytisolo: Campos de Níjar», en *Insula*, 167 (art. 1960), p. 9.

básicamente válido aún, años después de la publicación de la obra. Si bien es cierto que la economía española ha evolucionado en la última década, también es indudable que el sistema social no lo ha hecho. Como dice Pierre Vilar, «de todas formas los problemas fundamentales de España no han sido resueltos: ni la crisis de la sociedad, ni la crisis de la nación, ni la crisis del espíritu»[5]. Las condiciones que crearon la situación descrita en *Campos...* y *La Chanca* no son cosa meramente del pasado sino realidad actual.

Dos son los motivos que inducen a Goytisolo a elegir el barrio de La Chanca como lugar de su viaje. El primero está relacionado con el contexto cultural del momento. El segundo con la ya larga experiencia de exiliado del autor, hecho al cual él hace referencia en el primer capítulo del libro.

Poco antes de la publicación de *La Chanca*, el barrio había sido objeto de análisis y comentarios, de tono e intenciones opuestos, que habían aparecido en diversos periódicos de la prensa española. Goytisolo reproduce dos de ellos en la sección de apéndices incluidos al final de la obra. El primero, un artículo de José María Pérez Lozano titulado de manera bien significativa «Una parroquia en el infierno», nos presenta La Chanca con toda crudeza y fidelidad a la situación de sus habitantes. El segundo, titulado «El más pintoresco barrio del mundo», nos da como contrapartida una imagen falsa del barrio almeriense. Con este bagaje informativo previo, Goytisolo se dirige a La Chanca a comprobar por sí mismo el verdadero estado del barrio y dar de él un testimonio al lector.

Por otra parte, Goytisolo va a La Chanca con la intención de cumplir con el encargo que tiempo atrás le había encomendado uno de sus amigos ocasionales de París, un ex-soldado del ejército de la República exiliado en Francia: visitar a un primo suyo, el Cartagenero, que vive en el barrio. Este último hecho es utilizado a modo de pequeña trama o argumento que realza el interés de la obra, ya que ésta cobra así una dimensión narrativa casi novelística, al mismo tiempo que le confiere unidad y progresión lógicas.

---

[5] PIERRE VILAR: *Historia de España* (París: Librairie espagnole, 1971), p. 169.

Al llegar a Almería, provisto con las señas que su amigo le había proporcionado en París, Goytisolo se encuentra con que tiene que hacer frente a la inesperada desconfianza y hostilidad de las gentes de La Chanca que se niegan a indicarle el domicilio de El Cartagenero o lo rechazan con evasivas. Esto le obliga a recorrer y observar detenidamente el barrio mientras inquiere de casa en casa por El Cartagenero. Fruto de esta observación es el testimonio amargo y veraz de lo visto que va quedando reflejado en la obra.

Debido a la falta de sociólogos y de economistas que estudien la sociedad del país y pongan al descubierto sus problemas, el escritor se considera moralmente obligado a hacerlo. El autor analizará minuciosamente todos los aspectos de la situación del barrio.

La Chanca es un barrio de pescadores ubicado en un monte al pie de la Alcazaba almeriense. Los veinte mil habitantes que lo componen viven en casas muy pobres, especie de chozas «sin retretes, camas, ni colchones, compartiendo esteras y mantas con ovejas y borricos; las gallinas campan sueltas por las habitaciones y, en una cueva, el dueño ha instalado una porqueriza» (*La Chanca*, p. 82). Muchas de estas viviendas son, en realidad, agujeros excavados en la roca de la montaña donde se alojan, hacinadas, varias familias. La mayor parte de las casas de la vecindad carece de luz eléctrica y de las necesidades higiénicas más elementales. Las calles son sucias y malolientes debido a las aguas residuales que fluyen al descubierto por los torrentes y a los excrementos de los animales domésticos que están siempre al aire libre, pues las viviendas no disponen de cuadras o de lugares apropiados.

A la penuria económica se añade la falta de libertad. Cuando Goytisolo localiza, finalmente, el domicilio de El Cartagenero, la familia de éste le comunica que ha sido detenido por la policía a causa de sus actividades sindicales clandestinas. Le dicen, también, que la policía visita con frecuencia el barrio, donde realiza numerosos arrestos entre los vecinos que se dedican a la política.

Otro problema es la emigración. Los lugares preferidos para emigrar son Cataluña y Francia. Contrariamente a las versiones oficiales triunfalistas de la época, la vida de estos emigrantes en tierras extrañas es muy dura. Se halla sujeta a numerosas injusticias y abusos laborales debido a la posición de impotencia y de inferioridad en que estos trabajadores se encuentran con relación a los nativos. Goytisolo descubre así la cara real de la emigración. Estos hechos son ahora conocidos, pero, en 1962, cuando se publica *La Chanca,* se carecía de información sobre ellos. La visita a La Chanca le proporciona información de primera mano sobre el tema.

Goytisolo nos proporciona datos precisos que nos ayudan a entender de manera más exacta la vida infrahumana de los habitantes del barrio. Pero esto no es óbice para que Goytisolo, en esta obra más que en *Campos...,* dude en mostrar a veces sus sentimientos de solidaridad y de afecto por estos hombres injustamente privados de una existencia digna. José Marra López ha señalado lo «encomiable» de la actitud ética de Goytisolo hacia estos hombres [6]. El testimonio, objetivo e imparcial, que la obra contiene aparece así envuelto en el calor humano que el autor manifiesta hacia ellos. En este caso, la vibración humana de la literatura acaba conjugándose con la precisión y el distanciamiento de la ciencia. Al final del libro, cuando el recorrido toca a su fin, su cólera y desesperación ante una situación que parece eternamente irresoluble emergen incontenidas: «Mi sangre bullía y no precisamente de contento. El cielo se me juntaba con la tierra y el mundo me parecía sin solución, como la angustia después de una noche de insomnio, y, en mi desamparo, hubiera dado cualquier cosa por concentrarme y aclarar la razón de tanto dolor inútil, de tantos años sacrificados por nada; por agarrar el manual de geografía que estudié en el colegio y rayar con un cuchillo la frase: 'Almería es una provincia española'» (p. 129).

El propósito didáctico predomina también en *La Chanca.* El libro está provisto de unos apéndices que recogen distintas impresiones y comentarios sobre Almería, obra de diversos autores que viajaron en el pasado por la provincia. Los textos se suceden en progresión cronológica hasta la actualidad; incluyen, entre otros, las opiniones de algunos autores árabes, como

---

[6] JOSÉ MARRA LÓPEZ: «Tres nuevos libros de Juan Goytisolo», en *Insula,* 193 (dic. 1962), p. 4.

Mohamed-Al-Adrisi, alusivas al esplendor y la prosperidad de
Almería bajo el dominio de los almorávides: «[Almería] era
entonces una ciudad muy industrial y se contaban en ella, entre
otros, 800 telares para tejer sedas, fabricándose telas con los
nombres de holla, dibaele, siklatón, alhispaini, ulchorcheni, et-
cétera...» (*Apud* Goytisolo, *La Chanca,* p. 143). La riqueza
del pasado contrasta con la indigencia y el abandono de la
provincia propios de los tiempos modernos. El pensamiento
que se encierra en estos apéndices es claro: Almería no fue
siempre triste y miserable, como la vemos hoy, en el presente.
Goytisolo recupera así para nosotros una imagen del pasado,
aparentemente perdida para la cultura e historia españolas. Esta
imagen es susceptible de provocar en nuestro ánimo la idea es-
peranzadora de que la suerte de Almería (y la de Andalucía
y de España) no está decidida de antemano y para siempre. Por
una vez, el optimismo ideológico de Goytisolo, su confianza secreta en el progreso del hombre se imponen en su obra sobre
el desaliento y la amargura que le producen la condición presente de los hombres y de las tierras almerienses.

3.—El pueblo reivindicado

En el primer capítulo de *Pueblo en marcha* Goytisolo alude a los tiempos difíciles de autoanálisis y de búsqueda personal que fueron sus años de universidad: «Entonces comprendí el verdadero significado de nuestra guerra y supe que, a despecho de cuanto me habían inculcado, me alienaría, en adelante, en el bando de los desposeídos» (*Pueblo...*, p. 13).

Goytisolo opta así por desclasarse y renunciar al mundo de valores asimilados durante la infancia para ponerse del lado de los intereses y de las concepciones del pueblo. Esto le lleva a viajar por las zonas más pobres de España. En *Campos...* y *La Chanca,* Goytisolo nos presentaba la imagen de un pueblo vencido, sin excesivas esperanzas de recuperación y resignado casi por completo a su triste suerte. Por el contrario, *Pueblo...*, resultado de un viaje del autor a la Cuba de Castro, abre nuestra perspectiva a la realidad —no mero deseo o posibilidad teórica— de una situación histórica diferente. En ella, el pueblo ha sido capaz de reivindicar triunfalmente sus derechos y ha iniciado ya la transformación revolucionaria del mundo caduco de los antiguos detentores del poder, implantando un orden nuevo en la sociedad.

La relación de Goytisolo con Cuba viene de tiempo atrás y no es repentina o fortuita; se advierte en ella un proceso de profunda evolución y cambio.

La primera noticia significativa que recibe de Cuba tiene lugar durante su infancia. Su padre le revela que su bisabuelo se había hecho propietario en Cuba de dos ingenios de azúcar y de un número considerable de esclavos negros y había llegado a ser una persona influyente y respetada en la isla. El niño

Goytisolo imagina la vida muelle de sus antepasados en la antigua colonia mientras hojea las páginas amarillentas de la revista *Ilustración española y americana* y repasa las fotografías de un viejo álbum que se conservaba en la casa de su familia. Su foto favorita, como él evoca ensoñadoramente, era la de «un tren cañero, con nuestro apellido escrito en la antigua locomotora y una larga hilera de jaulas y bateas listas para la zafra» (p. 11). Para el niño que había sufrido las angustias y el dolor de la guerra. Cuba representa entonces un paraíso inexplicable e injustamente perdido a cuya influencia benéfica y protectora desearía retornar.

Tras la segunda guerra mundial, con el temor de la familia de lo que para ellos parecía entonces inminente dominio del socialismo en Europa, el paraíso añorado se transformará en refugio, anhelado e inalcanzable, donde escapar de los peligros que le rodeaban en España. Más adelante, en *Señas de identidad,* el autor somete a una crítica implacable todas estas infundadas ideas de su familia que sólo sirvieron para fomentar sus traumas infantiles.

Al entrar en la universidad y empezar su proceso de rechazo del mundo burgués, Goytisolo revisa la visión de Cuba que albergara en sus sueños de infancia. *La Ilustración española y americana* y el álbum familiar se convierten en este momento en un instrumento con el que poner al descubierto la falsedad de la imagen de la Cuba idílica, supuestamente a salvo siempre de todos los embates de los enemigos de la paz y el bienestar familiar. El bisabuelo inteligente y honrado de otros tiempos se convierte ahora en el culpable de la explotación de unas tierras y de unas gentes a las que usó implacablemente como medios para su medro personal: «entonces empecé a desempolvar los fajos bien ordenados de la correspondencia del bisabuelo y, entre las liquidaciones y balances de las Bancas de Nueva York, Filadelfia y París, descubrí las cartas de los esclavos, embebidas, de un dolor viejo de siglos, escritas con la sangre de sus muertos y las lágrimas y el sudor de su dignidad pisoteada» (p. 12).

Goytisolo examina y asume las responsabilidades morales que le corresponden por el pasado familiar y se mantiene en esta postura de autoacusación hasta la aparición del movimiento revolucionario armado de Fidel Castro. Con él, el sentimiento de culpabilidad personal cede paso a otro de esperanza enfervorizada en el triunfo de la lucha del pueblo cubano contra la dictadura de Batista. La victoria de Fidel Castro en 1959 representa para Goytisolo, además de la liberación de Cuba de una opresión secular, la redención de las culpas contraídas en la isla por su bisabuelo: la revolución proporcionó a los esclavos de antaño el acceso a una nueva condición de protagonistas libres e independientes de sus propias vidas.

Goytisolo proyecta en Cuba las ilusiones y los deseos que por tanto tiempo había depositado en España. La victoria del pueblo cubano le sirve para compensar en parte la derrota del pueblo español en 1939; Cuba pasa a ser así la vanguardia del ideal revolucionario que quisiera ver realizado en su propio país: «la antorcha revolucionaria estaba ahora en manos de Cuba y, por una hermosa lección de la historia, ya no era España quien indicaba el camino a su ex-colonia, sino la ex-colonia quien daba el ejemplo y alumbraba los corazones, nos ilustraba y nos precedía» (p. 14).

La Cuba que visita en 1962 es muy distinta de aquella en la que había soñado por tantos años a distancia. Su estado de ánimo es, asimismo, como ya se ha visto, diferente. El testimonio que nos dará en *Pueblo...* se corresponde con la circunstancia cubana contemporánea. El autor se encuentra al llegar a la isla con una actitud de entusiasmo comunitario propia de los que han visto sus esperanzas por fin realizadas. Cuatro años más tarde, en *Señas de identidad,* esta visión se enriquece con perspectivas más ricas y analíticas y la Cuba de Goytisolo cobra nuevas dimensiones y matices.

Pueblo... se ajusta al formato y particularidades técnicas de otros libros del mismo género escritos por el autor.

El viaje de Goytisolo por la isla tiene una duración de dos meses y medio y su recorrido abarca las seis provincias de Cuba. El autor, sin embargo, en el libro, reduce el recorrido a la provincia de Manzanillo, aunque puntualiza que las impresiones y opiniones que aplica a Manzanillo son igualmente válidas para los otros lugares de la isla.

El momento concreto en que se realiza el viaje coincide con una de las situaciones más críticas —por no decir la que más— con que ha debido enfrentarse Cuba desde el advenimiento de la revolución. Cuando Goytisolo llega a Cuba, la revolución, aunque ya consolidada, tiene apenas tres años y el país se siente amenazado por el temor de un ataque contrarrevolucionario. 1962 es, además, el año de Bahía de Cochinos y del gravísimo incidente de la instalación de cohetes soviéticos y posterior enfrentamiento de los superpoderes americano y ruso. Esta atmósfera de temor y de intranquilidad está presente en el libro y envuelve todas sus páginas.

Al igual que en *Campos...* y *La Chanca,* Goytisolo hace uso del diálogo como recurso idóneo con que reflejar la visión de las gentes y de los lugares visitados. En *Pueblo...* la utilización del diálogo es masiva, casi absoluta. Con la excepción del primer y último capítulos, que contienen comentarios del autor, el libro está compuesto de textos que reproducen sus conversaciones con los habitantes de Manzanillo. El espacio reservado para fragmentos narrativos o descriptivos es mínimo; contribuye ello a crear la impresión de que son los propios cubanos los creadores de la obra y de que el novelista se limita a registrar en el papel sus puntos de vista y sus comentarios.

Hay también en *Pueblo...* un interés manifiesto por lo lingüístico; en esta obra se pasa de lo popular español a lo popular cubano. Goytisolo hace un esfuerzo notable por reproducir las palabras del pueblo con el máximo de fidelidad a la variedad fonética y semántica del español hablado en Cuba. Para facilitar su comprensión, agrega al final del libro una lista del léxico típicamente cubano utilizado en la obra. La ortografía en que los diálogos están transcritos es fonética y se ajusta a la pronunciación del español hablado en Cuba por el pueblo, como puede verse en este fragmento en que se reproduce una conversación entre dos soldados de las ORI:

> «—No arrugue que no ay quien planche —dice el soldado grueso con la boca llena.
> —El maldito ette e capá de dejarno a toj en ayuna. Vigílenlo por quéj de lo de Patria o Muerte.
> —La tien cogía conmigo —explica el gordo—. Tol día ettán así.
> —Tú come y no lej ecuche —aconseja Beto.
> —Son eyo. Yo no me meto con nadie.

—Cáyate, cáyate —ríe el cabo—. Que te tengo a ti má mieo en tierra cauna picúa en el mar» (p. 53).

Esta insistencia de Goytisolo en respetar las diversas variantes lingüísticas del español hablado es un hecho que puede advertirse a lo largo de toda su obra; no es un gesto superficial, sino que responde a una actitud intelectual, bien enraizada en el escritor, de negación absoluta de los prejuicios culturales inveterados que entorpecen la normalidad de la vida intelectual hispánica. En el caso concreto del lenguaje, se opone a la imposición de una única forma válida de español correcto dictada por la Academia, en detrimento de las usadas por otros hablantes del español en el mundo [1].

Goytisolo no ataca la conveniencia de una actitud unitaria e integradora de tipo general con respecto a las distintas variantes de español; esta actitud es necesaria si se quiere evitar la atomización del castellano en pequeños reductos o áreas lingüísticas condenadas a largo plazo a no poder entenderse entre sí. Su crítica se dirige contra las tendencias exclusivistas de los que quisieran imponer indiscriminadamente su forma de castellano sobre el de los países hispanoamericanos y el de las diversas regiones de España. Lo que pretende mostrar, al elegir para su obra el lenguaje real hablado en Cuba y no el ideal de los gramáticos, no es la superioridad de uno sobre el otro, sino la falta de lógica de los que intentan adjudicar a una determinada forma de castellano hablado en algunas partes de la península un prestigio y unos privilegios injustificados: «En mi opinión personal, esta tiranía del castellanismo académico sobre las demás regiones de España y países hispanoamericanos resulta no solamente anacrónica e injusta, sino también perjudicial y falsa. La Academia no es el templo (ni el banco) del Buen Decir y las añejas prosas castizas (refrito de Quevedo y del primer Valle Inclán) con que aquélla acuna sus oídos (y estropea los nuestros) no sirven ni pueden servir de modelo a nadie» (El furgón de cola, p. 135).

Al incluir decididamente en Pueblo... el español coloquial

[1] Véase JUAN GOYTISOLO: «Lenguaje, realidad ideal y realidad efectiva», en El furgón de cola, pp. 118-139.

cubano, Goytisolo toma una decisión cuya importancia sobrepasa los límites genéricos de la obra. Revela una actitud innovadora en cuanto al tema de las relaciones de los escritores españoles con los hispanoamericanos. Lo que ha venido ocurriendo hasta ahora es que los sectores de la cultura española oficial preponderante han mantenido una postura —no por solapada a veces, menos real y efectiva— de imperialismo lingüístico, muchos años después de haber sido liquidado el colonial. Se daba por supuesto que el español peninsular (¿el seseante del sur incluido?) debía dar la norma a los restantes hablantes de español en el mundo. A la supremacía lingüística seguía la literaria, llegándose, por un prurito nacionalista, a negar o disminuir la importancia de corrientes mutas de influencia —de Europa a América y viceversa, y no sólo de la península a Hispanoamérica— que se manifiestan en las numerosas literaturas en español existentes en el mundo.

La apertura a la nueva literatura hispanoamericana que se ha venido produciendo en los últimos años entre los escritores españoles más inquietos y honestos parece indicar que el camino que se va a seguir, en última instancia, será el de intercambio y de cooperación mutua más que el del paternalismo y el aislamiento del pasado[2]. Algunos de estos escritores han señalado abiertamente que los mejores autores hispanoamericanos de los últimos años se han anticipado en su esfuerzo de innovación a los españoles. Así lo reconoce Antonio Ferres: «Han empezado ellos como pasó con los modernistas. Por segunda vez lo que se está haciendo en Latinoamérica está afectando a lo que se puede hacer en España porque casi no se está haciendo nada en España»[3].

Goytisolo contribuyó con *Pueblo...* a iniciar un camino de renovación y de cambio del que se pudieron servir más adelante otros escritores españoles. Es situado en esta perspectiva como este aspecto del libro cobra su significación y dimensiones adecuadas. Su importancia sobrepasa el contexto de la obra de Goy-

---

[2] La peculiaridad lingüística de *Tirano Banderas,* de Valle Inclán, representa ya un primer paso en esta dirección.
[3] «Entrevista con Juan Goytisolo y Antonio Ferres», en *Letras Hispánicas* (Ohio State University), vol. V (invierno 1971), p. 49.

tisolo, ya que su influencia se ha extendido al conjunto de la literatura y la historia españolas contemporáneas.

En cuanto al lenguaje, *Pueblo...* se nos revela, pues, como una obra-puente entre dos literaturas hermanadas por una lengua y culturas comunes.

Por otra parte, a un nivel ideológico y de contenido, el libro estaba destinado a cumplir la función de informar al público español acerca de un acontecimiento de la historia contemporánea de Hispanoamérica de significado tan decisivo como la revolución cubana.

El libro se proponía dar información directa y de primera mano sobre los hechos que se venían desarrollando en la Cuba castrista y a los cuales el público español tenía vedado el acceso. Al menos en potencia —la censura también impidió su difusión en España—, *Pueblo...* venía a llenar así un vacío. Al mismo tiempo, contribuía a acercar a los países de Cuba y de España, separados a un nivel oficial por sistemas opuestos, mostrando la comunidad de intereses de sus respectivos pueblos.

Pueblo... es un libro concebido y escrito desde la perspectiva del pueblo cubano; él es el protagonista colectivo de la obra donde se recogen sus aspiraciones, sus problemas y su visión de la revolución. Quedan excluidos de la obra los juicios u opiniones de los dirigentes políticos, de los jefes militares, de los planificadores de la economía socialista. Sólo el pueblo humilde y sin instrucción: los pescadores de la Ciudad Pesquera de Manzanillo, los trabajadores de los campos de caña, los soldados del ejército sin graduación. Solamente en una ocasión se reproducen brevemente los comentarios de una maestra de escuela que participa en la campaña de alfabetización de la región. Por consiguiente, la imagen de la revolución cubana que se nos da en *Pueblo...* es sencilla, sin grandes elucubraciones teóricas y sin planteos generales o abstractos. Los cubanos —los antiguos esclavos de su bisabuelo, las víctimas más recientes de la dictadura de Batista— expresan de manera franca el modo en que el nuevo orden socialista ha afectado sus vidas de todos los días y, en especial, su trabajo y su educación.

Uno de los primeros aspectos que advierte Goytisolo al llegar a la isla es un sentimiento general, compartido por todos los cubanos con los que entablé conversación, de querer defender el país hasta la muerte en la hora grave por la que atraviesa. Esta opinión la encuentra entre los campesinos: «Los cubanos somos guapo pa fajarno. Como no boten la Repúblical agua y maten a tó lo niñito, acá no vuelven a entrá» (p. 80); también en las palabras, más conceptuales, pero igualmente rotundas, de la maestra: «Si tenemos que desaparecer, ... bueno, pues desaparecemos. Si uno piensa, uy, a lo mejor me matan, voy a agacharme, éste no vale para nada... Si en Playa Girón hubiéramos obrado así a estas horas tendríamos acá a todos los criminales de antes» (p. 66). Con la perspectiva desde la cual podemos juzgar ahora estas afirmaciones recogidas hace más de diez años, cabe decir que el esfuerzo unitario de los cubanos para hacer frente a los ataques del exterior ha sido fructuoso.

Pueblo... es un libro positivo; se centra más en los logros que en la crítica de la revolución cubana. El viaje coincide con el desarrollo de una campaña de alfabetización, llevada a cabo a través de todo el país, de la que se benefician viejos y jóvenes por igual. Para ellos el aprender a leer y a escribir significa el principio de la redención de una ignorancia secular. Goytisolo tiene ocasión de notar también signos del indiscutible progreso económico que el país ha emprendido. En numerosas ocasiones advierte la construcción de cooperativas y de tiendas para el pueblo, de nuevas escuelas; el uso de maquinaria moderna para el campo, etc.

Generalmente este progreso se pone en contraste con la situación de abandono y de estancamiento del pasado. Así, de la vida de los pescadores de El Mégano de antes de la revolución se nos dice: «Hasta el triunfo de la Revolución, un centenar de pescadores vivían allí en condiciones miserables. Sin médico, sin luz, sin escuelas, los niños desmedraban devorados por el jején y el mosquito» (p. 54). El socialismo ha venido a transformar esta indigencia y atraso seculares: «Los pescadores disponen de viviendas modernas y confortables en la Ciudad Pesquera. La revolución les ha restituido la dignidad de hombres y sus hijos frecuentan las clases» (p. 54). Goytisolo sortea el peligro de retórica propagandística que suelen contener estas comparaciones antes-ahora volviendo una y otra vez al testimonio directo del pueblo, que manifiesta sincera y fervientemente su adhesión a la revolución por las realizaciones que ésta ha llevado a cabo en favor de la mayoría de los cubanos.

La situación racial y social de la isla también ha mejorado. A través de sus interlocutores se pone al corriente de la progresiva eliminación de la discriminación sufrida en el pasado por el elemento negro de la población y de la desaparición de los grupos privilegiados que monopolizaban la riqueza del país. En algunos casos la adhesión a la nueva Cuba se transforma en explosión de entusiasmo no contenido, como ocurre, por ejemplo, cuando un miliciano manifiesta emocionadamente su agradecimiento a la revolución de Castro porque le ha abierto perspectivas vitales más liberadoras: «Cuando pienso en tó lo que conosemos grasias a la Revolusión se me pone la piel erisá. ¡Fidel, carajo, es lo más grande que hay!» (p. 23). Algunas veces, en las fachadas de las casas, Goytisolo advierte la presencia de letreros tan afirmativos como éste: «Los habitantes de esta casa pertenecen al comité de defensa de la revolución» (página 31). En otra ocasión, en el interior de una tienda ve un cartel con la inscripción: «Viva el marxismo.»

No hay lugar en *Pueblo*... para la duda, para la reconsideración o el análisis de posibles errores. La revolución tiene para los cubanos de *Pueblo*... un carácter fáctico, de realidad omnímoda que penetra todos los aspectos de la vida. Esto es debido a que para el cubano de 1962, protagonista de una revolución muy joven todavía y en proceso de consolidación, no había más alternativas que la defensa a ultranza de la misma o el retorno al antiguo orden de injusticia y desesperanza. Sería inconcebible en la obra un individuo como el intelectual crítico y vacilante del que es prototipo el personaje central de la película de Tomás Gutiérrez Alea, *Memorias del subdesarrollo,* hecha en la Cuba posterior de los años 70. De momento, Goytisolo sólo nos da el pueblo entusiasta que goza de las viejas reivindicaciones que su revolución ha hecho posible.

Se notan, sin embargo, aun en la Cuba posrevolucionaria, vestigios del pasado que perduran mezclados con las nuevas formas de vida. Goytisolo nos refiere, por ejemplo, su visita a un centro espiritista que sigue fomentando las supersticiones y los mitos que la revolución pretende destruir. Asimismo, siguen aún patentes diversas formas de individualismo en la conducta social de algunos cubanos. Esto se advierte sobre todo en los segmentos más antiguos de la población en los que las viejas costumbres están más firmemente enraizadas y se hace, por ello mismo, más difícil desterrarlas: «Alguno compañero consevan aún la mentalidá de antes y tenemo que fajarno duro con eyo —explica Agustín—. Por ejemplo, mucho píen fiao sin necesidá... No comprenden que tó, la coperativa, lo barco, la Siudá e nuestro. Que la Revolusión loíso pa nosotro» (p. 58).

A pesar de estas muestras de un pasado todavía demasiado reciente para poder haber desaparecido por completo, es evidente en la isla la influencia del nuevo código moral aportado por la revolución. Es esto —más que los progresos de la economía— lo que arranca del autor los comentarios más emocionados. Goytisolo procede de un país en donde las relaciones humanas están profundamente alienadas por factores de división, como las clases sociales y concepciones del mundo irreconciliables. Por eso, contempla alborozadamente el sentimiento de fraternidad y de comunidad que se transparenta en los habitantes de la isla. También en esto, Cuba representa para él la cristalización, a miles de kilómetros de España, de una esperanza que hubiera soñado para sus compatriotas.

Aunque el hombre cubano es el tema central de *Pueblo*..., hay también lugar en la obra para el paisaje de la isla. El paisaje aparece a retazos proveyéndonos la referencia física que complemente la visión de la Cuba castrista en cuyo testimonio el autor está más interesado. Son siempre los aspectos diferenciales y exóticos de la naturaleza los que reciben un énfasis especial en la obra: la flora exuberante de los manglares, los bambús y la yuca; las plantaciones de azúcar; la presencia constante de los mosquitos y el jején. Esto es lógico en alguien cuya retina está acostumbrada a la atmósfera sobrecivilizada de las grandes ciudades europeas. Goytisolo aprecia y admira esta tierra, sobreabundante y hostil a la vez, que los cubanos han empezado a dominar y a poner a su servicio.

También encuentra en Cuba huellas y recuerdos de la guerra española. Incluso, en una ocasión, un cantante aficionado con una modesta taberna de pueblo entona unos versos sobre la República que el autor recoge emocionadamente: «La República Española / ya sé que un día cayó / pero la recuerdo yo / como un astro que aureola... /» (p. 47).

Goytisolo se solidariza con los cubanos; con su causa revolucionaria y con su empeño de transformar un país anteriormente condenado al atraso y a la ignorancia. Cuba extrae del autor una de las pocas notas de genuino optimismo presentes en toda su obra. El triunfo de los perdedores de siempre, cuyo destino se había comprometido a hacer suyo, le devuelve la esperanza rota en las tierras áridas y resignadas de Níjar y del sur de España. En Cuba encuentra Goytisolo una imagen imposible de España. Por eso, *Pueblo...* concluye con una afirmación y una promesa de defender unos principios y unos hombres que son el catalizador de un futuro más digno y justo para todos los pueblos hispanos: «El fracaso de nuestra Revolución significó un retroceso de cinco lustros no sólo para España sino para los pueblos hermanos de América Latina. El aniquilamiento de Cuba alejaría nuestras esperanzas durante otro tanto tiempo. Me basta imaginar el destino doloroso de millones y millones de mis compatriotas, privados unos de patria y otros de libertad —y todos de la posibilidad de vivir dignamente— para llegar a la conclusión de que —si el proceso ha de recomenzar, si los sacrificios han sido inútiles— esta existencia no merece la pena. Al defender su Revolución los cubanos nos defienden a nosotros. Si deben morir, muramos también con ellos» (p. 84).

4.—Las relaciones amorosas

Hasta el momento en que Goytisolo escribe *La isla* y *Fin de fiesta,* el tema del amor apenas aparece tratado en sus novelas. Hasta ahora tan sólo habíamos encontrado breves referencias al mismo, interpoladas en el argumento central de la obra y siempre de forma rápida y marginal. Parece como si a Goytisolo no le interesase escribir sobre el amor o como si deliberadamente quisiera relegarlo a segundo término para dedicarse de pleno al análisis y crítica de otros aspectos de la sociedad española contemporánea. Lo cierto es que el estudio de las relaciones amorosas entre hombre y mujer escasea, en general, en su obra. Al autor le preocupan los seres humanos en cuanto individuos en relación con problemas políticos, sociales o culturales más que afectivos. Es en *La isla* y *Fin...,* y más tarde en el emotivo episodio parisino de Alvaro y Dolores en *Señas de identidad,* donde encontramos estudiando *in extenso* el tema y donde el autor nos da su versión e interpretación de la historia de amor típica, vista en sus obras desde un ángulo español contemporáneo.

Hay en *La isla* y *Fin...* varias historias de amor que componen el argumento o núcleo central de ambos libros. Sin embargo, el tema principal de la obra no consiste en la historia de amor en sí, sino en la presentación y análisis del nudo de relaciones existentes entre los sujetos de la historia y la sociedad en que aquélla se desarrolla. Esto no quiere decir que Goytisolo ignore, en modo alguno, los elementos básicos que se encuentran en la historia de amor de todos los tiempos. Muchos de

ellos están ahí: crisis amorosas producidas por infidelidades
o cansancio; rupturas y reconciliaciones; celos; etc. Pero, aunque estos factores ocupan un lugar importante en la novela,
no constituyen su significado último. Lo determinante es más
bien el modo en que la sociedad española de posguerra, en la
cual esas historias *están* vividas, afecta, condiciona y moldea
la vida de los hombres y mujeres que las protagonizan.

Todas las historias de amor que nos presenta son historias
de crisis o de fracaso entre hombre y mujer. La función de la
obra será revelarnos que las causas que los motivaron radican
en el sistema de valores (sexuales, afectivos, políticos, etc.), vigentes en el contexto social en que la historia se desarrolla.
Así, pues, en las novelas la sociedad no es meramente considerada como secundario telón de fondo de la acción principal,
sino como origen y explicación de la misma y de las actitudes
y modo particular de conducta de los personajes.

El amor es considerado como una realidad extraordinariamente positiva en potencia, ya que representa un modo de comunicación auténtica, una forma de honda confraternización
entre los seres humanos. El autor ha perseguido siempre ansio-
samente estos propósitos. Pero en sus novelas el amor se nos
aparece, por el contrario, como una realidad frustrada y rota
por las circunstancias españolas del presente. Todos los hombres
y las mujeres de *La isla* y de *Fin...* sufren esta frustración que
impide la felicidad de sus vidas. A la alienación económica y
social de otras obras de Goytisolo se añade ahora el estudio de
las relaciones entre hombre y mujer. Goytisolo va a analizarlas
desde una perspectiva especial.

Según la definición de Erich Fromm, la alienación se da
cuando el hombre «does not experience himself as the acting
agent in his grasp of the world, but that the world (nature,
others and himself) remain alien to him»[1]. Esto es lo que les
ocurre a los personajes de *Fin...*. En la España contemporánea,
exenta de idealismo y de espíritu comunitario, el hombre vive
separado de los otros hombres: no puede realizar su potencial
de espíritu de colaboración y solidaridad con los demás y se ve

---

[1] ERICH FROMM: *Marx's Concept of Man* (Nueva York: Frederic
Ungar Publishing Co., 1967), p. 44.

obligado a retirarse en la soledad de su yo sin aperturas posibles al mundo de los otros. La comunicación con los demás queda interrumpida y la acción común se ve imposibilitada. Consecuencia de ello, el hombre se encierra en las estrechas paredes de su egoísmo y sus posibilidades humanas se ven disminuidas o se destruyen. Esta ruptura de tipo general con los demás pretende ser resuelta con el amor por parejas, cerradas y exclusivistas, que es considerado como remedio o incluso como panacea para el ansia insatisfecha de integración del ser humano. En las novelas de Goytisolo se nos muestra que ese intento es fallido. Hombre y mujer se debaten en las contradicciones de su propio yo, incapaces de superar el aislamiento y el individualismo en que los ha arrinconado la sociedad. Los personajes de Goytisolo pagarán su egoísmo, voluntario o no, con la neurosis, el desequilibrio emocional o la desesperación. El amor auténtico es imposible para estos seres que lo buscan angustiadamente como un modo de dar sentido a sus existencias desorientadas e incompletas.

Los cuatro cuentos de diversa extensión que componen *Fin...* inciden en el tema del amor alienado por la sociedad española de posguerra. Los relatos carecen de título individual, ya que están concebidos como las partes, complementarias entre sí, de un mismo tema que es el que da unidad al libro. El subtítulo, «Intento de interpretación de una historia amorosa», no responde con exactitud al contenido. Los relatos de *Fin...*, más que interpretar una historia de amor, nos presentan el planteo y desarrollo de cuatro crisis amorosas diferentes: se nos descubren los hechos y sus probables causas, pero se deja al lector la tarea de organizarlos y de establecer las relaciones de causa-efecto entre ellos; en otras palabras, de darles una interpretación. Esto no quiere decir que las historias tengan un repertorio amplio de acepciones interpretativas o de lecturas posibles y de que, en última instancia, pudieran encontrarse tantas interpretaciones correctas como lectores tuviera el libro. El contenido de los cuatro relatos es claro y las conclusiones que se pueden sacar de ellos, aunque potencialmente diversas, son bastante reducidas y no muy distantes entre sí.

Todos los relatos tienen el denominador común de ser his-

torias de casados y de girar en torno a una relación extramatrimonial (o de intento o deseo de la misma) mantenida por el
hombre o la mujer y de sus repercusiones en la vida conyugal.
Sin embargo, la infidelidad o el adulterio no son concebidos
como la causa real profunda de los problemas que se nos presentan en cada una de las historias, sino como el catalizador
que activa los factores o los motivos latentes que habían iniciado el proceso de crisis. La causa última serán las relaciones
conflictivas existentes entre los protagonistas de las historias de
amor y la sociedad circundante.

En la segunda historia de *Fin...* los personajes que experi-
mentan la crisis matrimonial son Alvaro, un abogado de me-
diana edad, y su mujer, Ana; en un plano de menor relieve
queda Soles. Alvaro se apasiona con esta joven de veinte años
que hace posible la situación *à trois* que origina las disensiones
entre él y su mujer.

Alvaro es el narrador de la historia. Nos refiere sus problemas que, en realidad, se condensan en la dificultad de ser
español. Alvaro se dedica a asistir a los desamparados habitantes de Montjuic que requieren sus servicios desinteresados.
Para él, esta entrega a una causa noble es un modo de compensar la frustración de una vida que siente, al filo de los
cuarenta años, inútil e irrecuperable.

Alvaro adolece de los mismos síntomas de madurez precoz
y sin objetivos que se exteriorizan en muchos otros personajes
de Goytisolo. Por una parte, estos hombres y mujeres, debido
a la dureza de la sociedad española posterior a 1936, han tenido
que quemar precipitadamente las etapas de su vida. Por otra,
la vida sin alicientes y a ras de tierra que el país les ofrece
ha moldeado sus existencias de una manera uniforme, fijada de
antemano y desde fuera. Esto les coarta la posibilidad de orien-
tar su destino de acuerdo con decisiones personales. Para sobrevivir en el mundo hostil de la guerra, los niños de *Duelo...*
se vieron obligados a adoptar actitudes adultas impropias de
su edad, anticipándose a las amarguras y la seriedad de la
vida de los mayores. Más tarde, estos hijos de la guerra, bruscamente movidos desde la infancia a la mayoría de edad, se
encuentran con que el país los ha defraudado de nuevo al ne-
garles las responsabilidades y la libertad de los adultos. Para

Alvaro el presente ha traído consigo tan sólo el cierre de su ciclo vital creador, la ruptura de las esperanzas de realización personal y de consecución de fines nuevos: «A los veinte años... imaginaba que, un día, haría algo. No sabía qué, pero algo que sería, a la vez, nuevo y útil... Ahora tengo más de treinta años y me doy cuenta de que, si no he hecho nada hasta hoy, no hay razón alguna para que lo haga en adelante. Cada día me encuentro más cansado, más viejo...» (*Fin...*, p. 38). Lo mismo le ocurrirá a Miguel en la cuarta historia.

Paradójicamente estas palabras de renuncia y fracaso las dice un hombre joven aún y profesionalmente brillante. Soles, con el entusiasmo de sus veinte años, se lo recuerda así al propio Alvaro: «Eres joven y haces un sinfín de cosas. Eres el mejor abogado del mundo. En los juicios la gente te escucha y te admira. Tienes... el don de interesarte por los otros y de ganar inmediatamente la simpatía. Cuando entras en un sitio atraes las miradas... (*Fin...*, p. 38).

¿Qué ha ocurrido, pues, para que Alvaro sienta su vida tan radicalmente fracasada? Su frustración no puede atribuirse al llamado síndrome de los cuarenta años. Este estado psicológico es característico de quienes, al llegar a esa edad, advierten que su imagen personal (especialmente la obtenida a través de las realizaciones en el trabajo o profesión) queda por debajo de sus aspiraciones de juventud y de que es demasiado tarde ya para mejorarla. Alvaro, por el contrario, es plenamente consciente de su posición social y profesional destacada; pero ha creído siempre que sus responsabilidades con la sociedad, sus esperanzas políticas y colectivas quedaban por encima de sus aspiraciones y logros personales. A ese nivel, obviamente, no puede sentirse satisfecho. El *décalage* existente entre su imagen ideal del país, forjada en la juventud, y la real, que el presente le impone es demasiado grande para que pueda ignorarlo. En este sentido está en lo cierto cuando dice: «No he hecho nada hasta hoy.» El país que había pretendido cambiar sigue igual: el mismo régimen político con su falta de libertad y su atraso; el mismo individualismo e indiferencia de los compatriotas en los que había puesto su esperanza de que, por medio de su acción unitaria, la transformación sería posible. Además, el tiempo ha ido destruyendo incluso la nobleza y la honestidad de carácter de sus mismos amigos que han cedido poco a poco a la presión de la mezquindad ambiente: «Me acordé de la época en que nos esforzábamos en hacer cosas y ayudarnos unos a otros, en lugar de destruirles como ahora y criticar a las mujeres de los amigos... (*Fin...*, p. 44).

La personalidad creadora de Alvaro, hecha para realizarse en acciones comunitarias efectivas, no se ajusta a la esterilidad forzosa que le impone la sociedad española. Las consecuencias de ello se manifiestan en el conjunto de síntomas neuróticos que perturban su personalidad; en su desequilibrio psicológico, patente en un masoquismo obsesivo que le lleva a disminuir el valor de las propias realizaciones por considerarlas no suficientemente útiles a la colectividad; en sus impulsos de destrucción de los vínculos de afecto que le unen a sus amigos de siempre; en su hipersensibilidad hacia los grandes problemas de España que lo incapacita para la acción concreta e inmediata.

Alvaro es conocedor en buena medida de su situación, pero se siente impotente para cambiarla. En una de esas retorcidas piruetas mentales, que la difícil circunstancia española obliga a hacer a los intelectuales del país, ha aprendido a vivir, bien que mal, con la intolerabilidad de sus contradicciones. Su temor, espero, es que su resistencia concluya algún día; que el sistema acabe siendo más poderoso que él: «Tengo la impresión de que nos vamos disolviendo, tú, mi mujer, todos (...) a fuerza de esperar imposibles nos estamos volviendo neurasténicos. Como esto continúe, un día nos tendrán que encerrar» (*Fin...*, p. 48).

Es en este contexto donde hay que ubicar la crisis matrimonial de Alvaro. Ana, su mujer, sufre el mismo mal que él y la impotencia e insatisfacción de ella no hacen más que agravar las suyas propias. Acosado por sus neurosis y rota su capacidad de tomar decisiones eficaces, Alvaro recurre a una determinación impulsiva. Soles, con su energía y apasionamiento inagotables y con su capacidad ilimitada de admirar los actos y el modo de ser de Alvaro, será una compensación para su pesimismo: «Me gustaría tener veinte años y tu capacidad de entusiasmo. Por eso me atraes. Porque aún estás intacta y, contigo, las cosas parecen nuevas» (*Fin...*, p. 60). Sin embargo,

Alvaro es demasiado honesto consigo mismo para no darse cuenta de que Soles no es la solución para sus problemas. Por eso, le escatima cualquier gesto comprometedor y no abandona nunca una actitud semipaternal que reafirma la insuperabilidad de la distancia entre ambos. Ana, por su parte, está al corriente de la intimidad de su marido con Soles y parece tolerarla entre paciente y resignada.

El relato no tiene desenlace. La crisis, que había empezado de manera imprecisa, *in medias res,* se deja irresuelta en el libro. Incluso, para hacer la situación más compleja y ambigua, Ana, en las últimas líneas le revela a su marido que uno de sus amigos le ha confesado su amor hacia ella y tal vez vaya a corresponderlo. El final —o los finales posibles— se deja abierto a las conjeturas del lector que deberá componerlo. Esto es un reflejo de las teorías expuestas por José María Castellet en *La hora del lector,* donde preconiza una colaboración activa entre escritor y lector y concibe la obra literaria como revelación y propuesta: «*Revelación* que el autor hace de su mundo y *propuesta* de este mundo al lector para que éste lo asuma como tarea propia a realizar» [2]. Goytisolo quiere aumentar así la participación del lector que se ve obligado a meditar, por sí mismo y sin soluciones previas, sobre la problemática afectiva de los personajes y sobre la suya propia.

A pesar de ser historias acerca de la vida matrimonial, nunca se pone en cuestión en *Fin...* el matrimonio en sí, la validez del mismo como institución social. En la segunda historia, Ana y Alvaro seguirán juntos por encima de las disensiones y dificultades por las que atraviesa —y atravesará— su matrimonio. Sin embargo, no se especifica en el libro si esto es reflejo de la vitalidad básica de su unión o de la falta de sinceridad y honestidad de que adolece la vida matrimonial española. Queda fuera del propósito de Goytisolo el hacer una disección del matrimonio, al modo implacable y desgarrador de Harold Pinter o Edward Albee. Su auténtico interés se centra en el planteamiento y exposición de otra faceta del tema de España.

Además de mostrarnos la imposibilidad del amor auténtico en la sociedad española, las obras de ficción de este período

---

[2] José María Castellet: *La hora del lector,* p. 77.

se proponen cuestionar las premisas y los valores de la moral sexual del país; de rebatirlos presentándonos alternativas e ideas distintas de las preconizadas por la España tradicional. El ataque de Goytisolo hacia la sexualidad española se dirige específicamente contra las concepciones y costumbres impuestas por los sectores conservadores y, en especial, la Iglesia. El pueblo que las sufre aparece visto como una víctima, inconsciente las más de las veces, de esas ideas. Está exento, por tanto, de responsabilidades mayores, a no ser las atribuibles a su inercia y apatía para reaccionar en contra de la represión y la falta de libertad.

El propósito de las tres restantes historias de *Fin...* es eminentemente didáctico: se propone la transformación de la caduca moralidad sexual del país. La mayoría de los protagonistas de estas historias son españoles y sus costumbres y conducta amorosa y sexual difieren en buena manera de las tradicionales. Esto es una indicación de que el autor, por lo que atañe a este tema, confía en las posibilidades reales de liberación del pueblo español; de que el cambio es, en efecto, factible (está ocurriendo ya) en un futuro inmediato, en contra de una ignorancia y atraso seculares forzados desde arriba.

La tercera historia, más que contarnos el desarrollo de los hechos de una aventura amorosa extramatrimonial y sus consecuencias en la vida de marido y mujer, nos expone las actitudes adoptadas por ambos ante la misma. El innominado narrador del relato es la mujer de Juan, un arquitecto que, de acuerdo con la línea seguida por tantos otros personajes de Goytisolo, se siente insatisfecho consigo mismo, ya que no puede realizar sus aspiraciones artísticas en el ambiente mediocre del país. Algún tiempo atrás la mujer de Juan ha tenido un breve y discreto *affaire* con Jaime, un viejo amigo de los dos.

Sin embargo, no es esta relación semiprohibida lo que constituye el interés principal del autor; no se profundiza, por tanto, sino que aparece simplemente mencionada como el elemento perturbador que pone en marcha la crisis matrimonial de Juan y su mujer. Lo importante es su reacción ante un hecho que se les impone con una gravedad y urgencia absolutas: ninguno de los dos podrá ignorarlo o posponerlo y tendrán que adoptar necesariamente una resolución ante el mismo. Lo peculiar de esta resolución es que Juan y su mujer no recurren al repertorio moral habitual para tratar de recomponer su matrimonio. Su conducta va a ser, por el contrario, una cadena de actos anormales e inesperados en el contexto español en que aparecen situados. La ejemplaridad de la historia consistirá en presentarnos un modo de conducta amorosa y conyugal que responde a unos valores considerados como cualitativamente superiores a los defendidos por la moral tradicional.

El primer hecho que no se ajusta a los patrones habituales de la vida matrimonial española es la manera en que Juan sabe de las relaciones de su mujer con su amigo Jaime. No es a través de terceros, de rumores o de la maledicencia ajena; o como resultado de dudas y sospechas confirmadas al cabo de un tiempo más o menos largo, sino porque su propia mujer espontáneamente decide revelárselo. Esta confesión tiene importancia, ya que pone de manifiesto la existencia de una actitud de honestidad y sinceridad mutuas que se extiende incluso a terrenos usualmente vedados como el de la infidelidad.

El siguiente hecho inesperado es la reacción equilibrada de Juan que, si cae en un período de depresión y de duda, no se deja llevar por el apasionamiento o el deseo de resarcirse de la infidelidad de su mujer. Estamos muy lejos del concepto desmesurado de la honra defendido por la ideología tradicional española que Goytisolo ha encontrado representada en los habitantes de los pueblos andaluces. Como Pérez de Ayala había hecho a principios de siglo con su *Tigre Juan,* Goytisolo propone una nueva ética que se oponga a la concepción calderoniana del amor.

La idea del honor ha perdido su significado y vigencia para Juan. En su lugar, nos encontramos con un hombre que, a pesar de sentir el dolor del engaño y la humillación, ve por encima de todo el peligro en que se encuentra la unión afectiva que le une a su mujer y desea hallar una manera de salvarla. Por esta razón están ausentes del libro las discusiones o las escenas de celos que, de existir, quedan sobreentendidas y desprovistas de todo interés. Juan y su mujer deciden, por el contrario, emprender juntos un reparador viaje de vacaciones con el objeto de restañar heridas y de restablecer la fuerza amenazada de su amor.

El relato es sencillo, carente del dramatismo y el aire trágico de otras historias de amor. Pero es perfectamente funcional dentro del planteamiento didáctico que Goytisolo se había propuesto. Frente a los grandes gestos y decisiones injustas del pasado, vigente aún en la mentalidad del pueblo español, Goytisolo nos presenta una alternativa en donde las relaciones hombre-mujer son concebidas desde una perspectiva igualitaria más humana. No es casualidad que, en contra de lo acostumbrado, sea la mujer quien cometa la infidelidad y el hombre quien tome la iniciativa en adoptar una decisión constructiva.

En todas las obras de ficción del segundo período, la mujer ocupa un papel prominente y a la par del hombre. Incluso, como personajes, las mujeres están dotadas de mayor densidad y profundidad psicológica. Se advierte que el novelista pone en ellas mayor interés que en la descripción de los hombres. Esto responde a las ideas del autor cuando dice: «Yo considero que en la sociedad libre que todos los intelectuales desean, la definición de la libertad de la mujer es fundamental»[3].

La galería de personajes femeninos incorporados por Goytisolo a sus novelas son seres humanos independientes y libres —o que están en camino de serlo— de los numerosos prejuicios sexuales y sociales que suelen ir ligados a su condición. En *La isla,* Claudia, la protagonista del libro, tiene la personalidad más lúcida y auténtica de todas cuantas componen el decadente microcosmos del Torremolinos estival. En *Fin...*, nos encontramos con otros ejemplos de esta española *nueva* que se contrapone a la imagen de la femineidad subordinada, sumisa e insegura de sí misma. Mara, en la cuarta historia, es un ejemplo.

Esta historia es la más extensa e importante de *Fin...* . Está estructurada en varios estratos de contenido que se desarrollan en forma concentrada; el más denso y rico en significado de todos ellos es el análisis de la relación matrimonial de Miguel y Mara.

Bruno, un viejo amigo de Miguel, viene a visitarlo tras varios años de separación. En los días que pasa con Miguel,

---

[3] Marvel Moreno: *op. cit.,* p. VIII.

Bruno va a interferir en las vacilantes relaciones de su amigo y de Mara. Sin embargo, en esta ocasión, gracias a la firmeza de la mujer, la infidelidad queda sólo en amago: amenaza momentáneamente el matrimonio de Miguel, pero no llega a consumarse.

Quien sufre más en la situación conflictiva es Mara; es ella quien la vive con mayor profundidad e inteligencia. Miguel la conlleva resignadamente. El problema de Mara es la situación de soledad a que la reduce el aislamiento de su marido, inmerso en sus preocupaciones existenciales. Bruno será el confidente seguro al que podrá confiar sin reservas sus dudas y problemas. En las palabras de Mara se manifiesta la lúcida fortaleza de su espíritu: «Tú no imaginas lo que es bregar siempre sola. Mis amigos me creen muy fuerte porque Miguel me obliga a serlo, pero, en algunas ocasiones, te juro que no puedo aguantar mi papel. Estoy cansada de vivir entre seres más débiles que yo» (*Fin...*, p. 170).

La soledad lleva a Mara a buscar indirectamente en Bruno el afecto de que su marido la priva. Con todo, pronto decide rectificar y volver de nuevo con su marido. El lector sobreentiende que su matrimonio prevalecerá por encima de los problemas y tal vez que incluso acabará saliendo fortalecido del largo período de dudas.

A pesar de su amor por Miguel, Mara es una mujer emancipada que gobierna su vida por sí misma y se niega rotundamente a ser definida en relación a su marido. Afirma su individualidad e ideas propias de mujer en buena parte liberada de los prejuicios seculares en que viven la mayor parte de las mujeres de su país: «Miguel y yo nos queremos muchísimo, pero somos dos personas diferentes. Nunca he podido soportar esta costumbre que tenéis de identificarme con él, como un objeto. Quiero que la gente me aprecie por mí misma» (*Fin...*, p. 157). Esta relación de igual a igual de Mara y Miguel se nos revela como ejemplar. También lo es la afirmación de amistad genuina entre hombre y mujer que, finalmente, acaban prometiéndose Bruno y Mara.

Hay en el relato otras relaciones amorosas igualmente libres, como la de Bruno y su amiga Régine, aunque no se desarrollan nunca en profundidad. Asimismo, interpoladas en la historia de Miguel y Mara, encontramos otras referencias a la vida erótica española. Algunas tienen un propósito festivo o sarcástico. Por medio del humor o de la conducta ejemplar de los personajes, el sexo tiende a ser mostrado como hecho humano natural desprovisto de los tabúes y las prohibiciones típicas de la vida española.

El relato concluye bellamente con la escena final de la despedida de Bruno que regresa a París. Las últimas líneas aluden a la tristeza indefinible que parece presidir el destino de los protagonistas: «Las lágrimas le corrían por la cara, brillantes e incontenibles. Su rostro había recobrado la expresión huérfana de la niñez y, con una acuidad que me sorprendió a mí mismo, medí los límites de nuestro desamparo —de Miguel, y mío y de Mara— frente a las ofensas de la vida» (*Fin...*, página 202).

Las ofensas existenciales de Cesare Pavese a las que se refiere Bruno aparecen en el relato unidas a la circunstancia concreta que ha malogrado las relaciones humanas de Miguel y Mara. A ambos los ha condenado a una soledad y frustración irrecuperables ante las que se sienten impotentes siquiera para prestarse ayuda mutua.

Fin... cierra el segundo período. Cuando aparezca la siguiente novela de Goytisolo, el autor se atendrá ya a otros principios y propósitos: los mismos que producirán en su obra una concepción distinta de España y de la novela.

DEMITIFICACION DE ESPAÑA

1.—Una novela nueva

El tercer período (1962-1975) comprende tres novelas, *Señas de identidad*, *Reivindicación del conde don Julián* y *Juan sin tierra;* un libro de ensayos, *El furgón de cola,* y una antología con la traducción de las obras de Blanco White, *Obra inglesa de don José María Blanco White,* que contiene un extenso e interesante prólogo. *El furgón de cola* es, con relación a las novelas del tercer período, lo que *Problemas de la novela* era con respecto a la obra de creación del segundo, es decir, la teoría, la poética literaria que precede a su actualización en la obra novelística. El prólogo del libro da el sentido al título: España es un furgón de cola con respecto a Europa. El libro agrupa un total de trece ensayos o artículos publicados anteriormente entre 1960 y 1966 en diversas revistas de Europa y América.

El furgón... refleja de manera nítida y precisa la evolución seguida por Goytisolo tras escribir *Fin de fiesta,* al principio de la década de los sesenta. Entre esta obra, que se publicó en 1962, y la inmediata posterior, *Señas de identidad,* aparecida en 1966, hay un período de cuatro años de silencio, hecho sorprendente en un autor que había sido hasta ese momento extraordinariamente prolífico. En ese período, Goytisolo reflexiona sobre los principios del arte de hacer novelas, revisa o destruye pasadas convicciones y vuelve a analizar su función como escritor de la España contemporánea. *El furgón...* es un libro importante dentro del panorama literario e intelectual español contemporáneo. Es uno de los intentos más inteligentes y honestos hechos por un escritor español de la posguerra para

entender al país y para aclarar el papel de un autor en la sociedad actual.

El libro tiene su origen en la relación constante que existe
entre Goytisolo y España. Hacia 1960, como consecuencia de
la evolución ocurrida en algunos aspectos o áreas de la sociedad
española, Goytisolo empieza a replantearse algunas de sus ideas
con respecto a España, a la par que en su actitud general con
relación al país se opera un proceso de renovación y profundizamiento radicales y significativos.

Su análisis parte de supuestos económico-sociales, pero ahora incorpora al marxismo clásico esquemas más recientes: de
Herbert Marcuse, Wilhelm Reich, etc. Al mismo tiempo asimila
otras tesis con relación a España con una orientación diferente,
en especial el pensamiento de Américo Castro. En este momento, Goytisolo reconoce en toda su amplitud la importante transformación que se experimentó en la estructura económica de
España debida básicamente a la industrialización del país fo-
mentada por el Plan de Estabilización, a los ingresos del turismo y a la consiguiente acumulación de capital. A este cambio
en lo económico le sucedió otro en lo social: el pueblo empezó
a vivir mejor y a participar de los beneficios (y las desventa-
jas) de una economía de consumo de la cual había gozado
hasta entonces otros países europeos industrializados. A nivel
económico y social España empezó, por tanto, a colocarse dentro de unas coordenadas europeas, con lo cual el viejo sueño de
tantos españoles parecía llegar a su realización, paradójicamente de la mano de un sistema conservador. Sin embargo, este
cambio en la estructura no se vio correspondido por otro en
la superestructura y la sociedad española se mantuvo estancada
en su falta de libertad política, intelectual y educativa y víctima de un sistema interesado en perpetuar el *statu quo*.

Estos cambios producen una situación de *semidesarrollo*
que Fernando Morán define como un estado «cercano a la
sociedad de consumo, pero sin haberlo aún alcanzado»[1]. Su
característica principal es la coexistencia de lo residual y ar-
caico con lo emergente y nuevo; la coexistencia de estos elementos opuestos es conflictiva.

---

[1] FERNANDO MORÁN: *op. cit.*, p. 309.

La situación del escritor en esta sociedad es insegura puesto que el contexto en torno a él, que constituye el material para su trabajo, «evidencia una serie de contradicciones y oposiciones operantes; su tradición histórica, un enjambre de discontinuidades; su entusiasmo no puede menos de templarse por el conocimiento que posee de la crisis de ámbitos ajenos y más avanzados de los sistemas que propugna su sociedad» [2].

Por ello, Goytisolo inicia una nueva toma de conciencia de su papel de escritor. El optimismo del pasado, la confianza en las posibilidades del escritor para transformar el sistema y para contribuir, ya sea como miembro activo y militante de un partido, ya como teórico o artista al advenimiento de la revolución, ceden paso ahora a una evaluación muy diferente de la función que le cabe realizar al intelectual en el desarrollo del país. En un artículo publicado en 1964 en *L'Express*, reconoce la dificultad del cambio de actitud que debe emprender el intelectual en su tarea de adaptar sus esquemas y análisis a las nuevas realidades de la sociedad: «que el cambio implique reconversiones morales, políticas, sociales, económicas y hasta estéticas extremadamente difíciles no cabe la menor duda. Intelectuales, políticos o comentaristas debemos tener la inteligencia y el valor de afrontarlas» [3].

En primer lugar, Goytisolo advierte que las esperanzas puestas en el poder de la literatura, en la efectividad de sus libros y sus novelas dentro del proceso evolutivo de la sociedad española han sido infundadas, que los cambios han ocurrido sin la participación del intelectual y al margen de sus deseos y proyectos. Tecnócratas y planificadores se habían apoderado del destino del pueblo al que el escritor se dirigía y en sus programas estaba ausente el humanismo y la libertad cuya búsqueda y defensa justificaban la obra literaria. Un sentimiento de frustración e impotencia sustituye la sólida seguridad del pasado. Consciente de lo movedizo y cuestionable de su situación, el escritor tendrá que buscar nuevas razones que le devuelvan la orientación y la firmeza de propósito perdidas.

El problema no queda reducido exclusivamente a Goytisolo

[2] *Ibid.*, p. 213.
[3] JUAN GOYTISOLO: «España, veinticinco años después», en *L'Express* (2 abril 1964), p. 25.

ni al contexto español. El intelectual de otros países atraviesa por situación parecida cuando no en algún sentido más aguda y seria: se encuentra aprisionado por el aparato burocrático y la organización de un sistema político que, aun dándole libertad, silencia su labor o por lo menos limita su influencia al ámbito menos incómodo y peligroso de la vida académica. Lo que hace Goytisolo es analizar este tema central del intelectual contemporáneo dentro de las circunstancias políticas y culturales españolas, en lo que tienen de común como de diferente con otros países. Sus afirmaciones con respecto a la magnitud de la crisis del intelectual español no dejan lugar a dudas: «cuando, poco a poco, los escritores abrimos los ojos descubrimos que nuestras obras no habían hecho avanzar la revolución una pulgada (en este período, por el contrario, la habíamos visto retroceder). Dolorosa sorpresa la nuestra: el progreso y marcha del mundo no dependía de nosotros; nos habíamos equivocado de medio a medio en cuanto al poder real de la literatura» (*El furgón...*, p. 52).

1959 es la fecha que avanza como el comienzo de este proceso de revisión desde unos supuestos nuevos. A partir de este momento, el escritor se da cuenta progresivamente de que los conceptos de compromiso y novela social pierden en gran parte su significación. El compromiso optimista del pasado da paso a otros planteos de tono más sombrío y desesperado. Unos responden a una actitud de porfiada resistencia ante el sistema a pesar de las pocas posibilidades de éxito, tal como se ve, por ejemplo, en las dos últimas novelas de Goytisolo. Otros reflejan una actitud de evasión de un mundo mal hecho que el autor se siente impotente para cambiar. El propio Goytisolo mencionará a Rimbaud y a Baudelaire como a los grandes antecesores de la tendencia escapista en la literatura francesa y a Cernuda en el ámbito de la española.

La crisis le lleva a reconsiderar el sentido y la función de la literatura en general y en especial de la novela. Su actitud como crítico literario madura; los juicios y los análisis, un tanto superficiales en *Problemas de la novela,* se profundizan. El autor toma una postura de clara independencia al margen de las diversas escuelas y grupos literarios del país. Se distancia no sólo del conservadurismo y atraso de la crítica académica, sino también a la rigidez de los críticos más jóvenes que aplican métodos más nuevos, pero de una manera mecánica: «La crítica tal y como se entiende y practica en los países europeos ha desaparecido casi por completo reemplazada por la apología, la explicación y la glosa. Nadie, o casi nadie, se aventura por terrenos desconocidos; el ensayista español de hoy avanza prudentemente envuelto —sería mejor decir: acorazado— en una tupida malla de citas de algún 'intocable': excelente manera de ocultar su ánimo escaso y su indigencia intelectual» (*El furgón...*, p. 81).

Goytisolo adopta, por el contrario, una posición de francotirador arriesgado y practica una crítica de tipo personal sumamente innovadora. Escoge a Luis Cernuda como modelo de crítico español que encarna las virtudes de independencia y honestidad de criterio que él busca. Sus otros autores preferidos son Larra y Blanco White. Los tres son sus predecesores: también atacan los valores que entorpecen la visión de la realidad española. Es visible, además, la influencia de la crítica estructuralista y lingüística de origen francés y americano (Roland Barthes, E. Benveniste, Noam Chomsky); y la de del formalismo ruso, sobre todo a través de T. Todorov y Sklovsky [4].

Goytisolo inicia en esta etapa un nuevo examen de la idea del compromiso tal como lo había entendido hasta este momento él mismo y sus compañeros de promoción. El compromiso del pasado concebido como un acto de servicio y que subordinaba la obra a los fines políticos ha perdido su razón de ser, como lo prueba su ineficacia casi total de los últimos años. El autor advierte que en este concepto restringido del compromiso se encerraban un gran esquematismo y simplicidad teóricas, ya que lo básico en él era que el mensaje político o social fuera transmitido de manera clara y directa. Esto condujo con frecuencia al adocenamieno intelectual. Así, según José Batlló, el retratar a una burguesía en decadencia, que se desmorona a pasos agigantados, se ha convertido en una especie de juego divertido, en el que todos quieren participar» [5]. Se advierte tam-

---

[4] Ver mi artículo «El formalismo ruso y la teoría de la ficción», en *Revista de Occidente* (jun.-jul. 1977), pp. 48-54.

[5] *Apud* JOSÉ MARTÍNEZ CACHERO: *op. cit.*, p. 233.

bién falta de ambiciones estéticas. La calidad artística de la novela —o del poema— se ve disminuida y el contenido pierde fuerza y convicción debido a su falta de originalidad y carácter propios. La literatura vivía así de prestado de la política, condenada a pasar por todas las cribas previas que el autor se había impuesto a sí mismo.

El reflejo que de la sociedad hacía el novelista debía atenerse a un criterio moral maniqueísta por el que los seres humanos quedaban clasificados en dos categorías fijas, sin matices o gradaciones psicológicas o éticas: la burguesía y el pueblo. A ambos se los presentaba desde una perspectiva simplista, unidimensional. Robbe-Grillet alude a esta situación: «les bons sont les bons et les méchants sont les méchants. Mais, précisément, le souci d'évidence qu'ils y mettent n'a rien à voir avec ce que nous observons dans le monde» [6]. Las responsabilidades y las culpas de la burguesía se exponían superficialmente, sin análisis de las causas. El pueblo, por otra parte, se nos daba idealizado como campeón de la revolución, sin ninguna referencia a las dudas y al espíritu de acomodo que ha evidenciado en los años de posguerra.

De acuerdo con esta visión demasiado elemental y pobre del compromiso, el escritor mostraba una imagen imprecisa de la sociedad española a la par que se le escapaba de su obra la complejidad de la vida humana. Goytisolo renuncia a este tipo de compromiso parcial y adopta una actitud abierta y totalizadora ante los problemas españoles.

Su visión de España en este período se hace más compleja y densa. Frente a los análisis unilaterales del pasado, el autor combina ahora elementos diversos: la crítica de raíz sociológica se une a la de tipo literario, histórico y cultural, patente sobre todo en *Reivindicación... y Juan sin tierra*. Además, como resultado de su ya larga experiencia en el extranjero, compara el contexto español con otros medios internacionales: el norte de Africa, Francia, diversos países europeos. Sin embargo, su internacionalismo no le desvía del tema español, sino que sirve para precisarlo y darle nuevas dimensiones.

---

[6] ALAIN ROBBE-GRILLET: *Pour un nouveau roman* (París: Editions du minuit, 1963), p. 37.

Este período se caracteriza por el eclecticismo. El elemento predominante en él es la crítica cultural que se hace creciente hasta convertirse en el aspecto más notable de *Juan sin tierra*. Se considera a España, más que como una sociedad, como una entidad abstracta susceptible más al análisis que a la descripción. El autor pasa del análisis de la España contemporánea al de la España de siempre: desde la invasión de Tariq hasta el *desastre* del 98. Su función será atacar de manera sistemática los valores que se han fosilizado con el tiempo hasta perder todo su sentido y convertirse en mitos que actúan sobre la vida hispánica sin ser cuestionados por nadie: «la lucha despiadada contra el mito, contra las adherencias histórico-culturales que envuelven un nombre, lo lastran, lo petrifican, lo falsean» (*Obra inglesa...*, p. 98).

Esta función demitificadora confiere a su obra renovada originalidad y personalidad. Si en otro momento reproducía de forma un tanto forzada ideas y técnicas ajenas, ahora encuentra su propia línea tras haber asimilado los ejemplos válidos de otros escritores del pasado y del presente.

La tarea demitificadora que Goytisolo se propone no es sólo posible para unos hombres y una sociedad única: los españoles. Sin embargo, a diferencia de otros escritores situados en sociedades con mayor libertad, su tarea se halla revestida de un carácter más urgente y dramático que la convierte en muchas ocasiones en grito desgarrado.

Rotas las reservas objetivistas, Goytisolo vierte de lleno su personalidad en la novela; introduce numerosos elementos y datos autobiográficos y personales y ataca agresivamente los mitos de su familia, educación y de su propia vida en general.

Con el abandono del compromiso rígido, desaparecen también el realismo y el behaviorismo que a él iban unidos. A partir de ahora ensayará nuevos métodos y maneras que van a producir obras multidimensionales e innovadoras, como *Señas de identidad* y sobre todo *Reivindicación del conde don Julián* y *Juan sin tierra*. El escritor concibe cada vez más la obra como escritura; su punto de referencia básico es la obra misma y el modo de desarrollo de su creación.

Goytisolo es un escritor que vuelve repetidas veces sobre su obra; no se detiene en una etapa, sino que evoluciona constantemente. Su abandono del realismo rígido es un ejemplo. En esto es también un precursor de los compañeros de generación. La primera novela que se aleja del realismo de una manera abierta es *Tiempo de silencio,* de Martín Santos, que se publica en 1962. Martín Santos es el primero que presenta una alternativa con que superar el cansancio del realismo experimentado por los escritores del período. Goytisolo lleva más lejos el intento de Martín Santos y lo provee de fundamentos teóricos.

Goytisolo se aleja de los principios de Lukács, que fijan la novela de acuerdo con el realismo decimonónico, y se acerca a la concepción de Brecht, según la cual el arte —aun el realista— puede incluir la fantasía y la invención como métodos perfectamente válidos. Lo importante es entender la realidad desde una perspeciva correcta; las formas que adopta la representación de la realidad, afirma el propio Brecht en su tesis ya citada, «can be various, and exclusive rights should not be granted to any form, however good it may be» [7]. La ruptura de Goytisolo es en principio con el realismo rígido por la falta de libertad artística que lleva consigo. Pero el autor sigue pretendiendo reflejar en sus novelas las relaciones del hombre y su entorno: *Señas...* es un ejemplo.

Se revaloriza así el papel de la imaginación del escritor en la obra. El autor se niega a aceptar el prejuicio crítico por el que se considera el realismo como cualidad indispensable de la literatura española. El novelista contemporáneo necesita de la imaginación para presentar las contradicciones y el absurdo de la España del presente que se le escapaban con el uso del objetivismo a ultranza. El país se encuentra incómodamente a caballo entre la industrialización y unos mecanismos mentales obsoletos que están en oposición directa con las pretensiones de una sociedad que se afana desesperadamente en ser moderna. El escritor tiene que captar las características y matices de esta España compleja e irracional; para ello, la imaginación es un instrumento más eficaz que la mera reproducción de la realidad.

Por otro lado, la imaginación es una alternativa que opo-

---

[7] BRECHT: *A Collection of Critical Essays,* p. 103.

ner al mundo rígido, feo y sin atractivos que las sociedades industriales ofrecen al individuo. Frente a la superplanificación y superburocracia que todo lo penetran de los estados modernos, la imaginación —en la obra literaria y el arte en general— puede ser un refugio único e inalcanzable donde el hombre vuelva a encontrar el aliciente de lo imprevisto y lo desconocido y, en última instancia, de lo bello.

En oposición a sus ideas del pasado, Goytisolo llega a negar incluso la importancia de la verosimilitud en la novela para afirmar el valor de lo enigmático, lo ambiguo y lo oscuro: «Originalidad, individualidad, creación se sitúan, por tanto, en los antípodas de lo verosímil y la obra más innovadora y rica será la que, rechazando sus servidumbres implícitas, asumirá sin explicaciones el desafío de su enigmática opacidad» (*Obra inglesa...*, p. 64).

Junto a la influencia de Brecht está la del *nouveau roman* en el que Corrales Egea ve una de las fuentes más importantes de inspiración de la reciente corriente antirrealista de la novela española. Esto se refleja en Goytisolo en la aparición de rasgos propios de la antinovela que traen consigo la desintegración de los elementos básicos de la novela clásica.

El espacio y el tiempo no se corresponden con los reales. En la novela de hoy no hay necesidad de que el relato dé la impresión de historia vivida. En *Señas...*, la verdadera acción de la novela transcurre en la mente del protagonista; el tiempo es, pues, meramente el tiempo mental del personaje. En *Reivindicación...* y *Juan sin tierra*, espacio y tiempo se nos dan distorsionados; el aquí y el ahora confundidos con el allí y el entonces, entremezclados de modo laberíntico y aparentemente ilógico que recuerda la estructura de los sueños. La inseguridad e imprecisión de la sociedad que ahora refleja Goytisolo se corresponden con la imprecisión de la novela.

Los diálogos virtualmente desaparecen; en su lugar encontramos largos monólogos o complejos discursos mentales. Asimismo, los personajes se distancian progresivamente también de los de la novela anterior. No están concebidos como individuos dotados de densidad psicológica y de conducta social que los convierten en seres verídicos tan auténticos como los de la vida real. Al llegar a *Reivindicación...* y *Juan sin tierra*, no son sino sombras, esbozos esquemáticos de seres humanos reales y no cumplen con frecuencia otra función que la de caricaturas estilizadas y simbólicas al servicio de la intención del autor.

La influencia del cine sigue vigente; pero ahora ya no es de orientación realista. Lo que le interesa al autor no es el contenido de la obra cinematográfica, sino las características técnicas que pueden incorporarse a la novela, sus logros en el dominio de la creación, de lo imaginativo; sobre todo la posibilidad de presentar con una apariencia de objetividad lo que la tiene menos: los recuerdos, los sueños, los productos de la imaginación. Por otra parte, recursos específicamente cinematográficos como las rupturas de montaje, la repetición de encuadres, las contradicciones, los personajes súbitamente fijos en la pantalla, se utilizan para crear un tipo nuevo de composición de escenas novelísticas.

Goytisolo está muy lejos ya del mundo formal, claro y sólido de *Problemas...* . El autor experimenta *ad infinitum* con técnicas y modos novelísticos diversos como si quisiera compensar la aridez y el esquematismo anteriores.

En el terreno de la lengua, Goytisolo se alza contra el lenguaje seco que repite fórmulas usadas desde siempre. Frente a la tradición y lo establecido, será preciso adoptar una labor de liquidación y eliminación de lo viejo e inservible: «en el vasto y sobrecargado almacén de antigüedades de nuestra lengua sólo podemos crear destruyendo: una destrucción que sea a la vez creación; una creación a la par destructiva» (*El furgón...*, página 56). El escritor se encuentra, pues, solo con su lenguaje, dispuesto a moldearlo y transformarlo a su gusto, dividido entre el placer sumo de intentar lo nuevo y el temor de lo inexplorado y de lo desconocido.

El vocabulario se amplía sobremanera y se hace más vasto y variado; se utilizan arabismos y latinismos; se incorporan neologismos y se revitaliza el uso de términos olvidados. La sintaxis se transforma también al margen de los moldes habituales. La estructura de los períodos oracionales queda rota; en *Reivindicación...* se reduce a menudo a una serie de adjetivos en torno a la cual gira otra serie de adjetivos y de formas verbales no flexionadas, en especial gerundios y participios pasados. Los signos ortográficos se suprimen con frecuencia de manera que la extensión de los párrafos se alarga extraordinariamente a lo largo de numerosas páginas. En *Reivindicación...* y *Juan sin tierra,* los dos puntos cumplen la función de conjunciones subordinantes y unen palabras y conceptos sin interrupción, en una cadena sin fin. La combinación de la imaginación y del manejo original y atrevido del lenguaje se ajusta a los principios de Sklovski y de los demás formalistas rusos que preconizan la desviación de la norma general y ven en la «cualidad de divergencia» lo más importante de la percepción artística: «By tearing the object out of its habitual context, by bringing together disparate notions, the poet gives *a coup de grâce* to the verbal cliché and to the stock responses attendant upon it and forces us into heightened awareness of things and their sensory texture» [8].

Goytisolo presta atención especial al punto de vista; coincide en esto con Wayne Booth y otros críticos importantes que lo consideran como uno de los aspectos más significativos de la novela [9]. El autor prueba diversas perspectivas narrativas incluyendo textos-collage, documentales, monólogos, poemas. La segunda persona es utilizada con particular frecuencia. A pesar de que ya había algunos precedentes de su uso en la literatura española, Goytisolo la convierte en el punto de vista básico de sus novelas [10]. El *tú* de *Señas...*, de *Reivindicación...* y *Juan sin tierra* es, en realidad, la conciencia monologante del yo del protagonista que se desdobla creándose un interlocutor imaginario: «suspendido como *estabas* en un presente incierto, exento de pasado como de porvenir, con la desolada e íntima certeza de saber que *habías vuelto,* no porque las cosas hubieran cambiado y *tu* expatriación hubiese tenido un sentido, sino porque *habías agotado* poco a poco *tus* reservas de espera y

---

[8] VICTOR ERLICH: *Russian Formalism (History-Doctrine)* (La Haya: Mouton and Co., 1965), p. 177.

[9] Véase WAYNE C. BOOTH: *The Rhetoric of Fiction* (Chicago: The University of Chicago Press, 1970), pp. 149 y ss.

[10] Véase FRANCISCO YNDURÁIN: «La novela desde la segunda persona. Análisis estructural», en *Prosa novelesca actual* (Santander: Universidad internacional Menéndez Pelayo, 1966).

sencillamente *tenías* miedo a morir. Así *reflexionabas...* (*Señas...*, p. 15, la cursiva es mía).

No es fácil estudiar claramente esa técnica del uso de la segunda persona desde supuestos críticos establecidos. La narración en *Reivindicación...* y *Juan sin tierra* es un monólogo del personaje; pero su discurso mental no puede ser clasificado de acuerdo con la definición clásica del monólogo interior. El monólogo interior debe reunir tres condiciones básicas: ser una expresión del pensamiento más íntimo, prácticamente inconsciente del personaje; ser un discurso al margen de la organización lógica y estar escrito en frases directas reducidas a una sintaxis mínima [11]. El discurso de las novelas de Goytisolo se ajusta al primer requisito; pero no a los dos últimos. La novela es una expresión del pensamiento del personaje. A menudo se describe su mundo onírico o subsconsciente. Pero esto se da en forma de autoanálisis. El personaje se examina a sí mismo, se juzga y busca caminos nuevos para su vida. La falta de lógica en la organización se da en la estructura de la obra, no en la actividad mental de su protagonista. Su lenguaje además no es elemental; está meticulosamente articulado y tiene alta calidad conceptual y literaria. Goytisolo deja el punto de vista en una situación imprecisa; el motivo es provocar la perplejidad del lector por medio de la ambigüedad tanto formal como temática.

Otra persona utilizada con frecuencia es la primera del plural. En *Juan sin tierra* con este punto de vista se nos revela el pensamiento de los portavoces de los valores de la España tradicionalista que ellos consideran inmutables. Goytisolo no crea un personaje que actúe o dramatice esos valores. Los presenta en forma de discurso oratorio deformado por la ironía. En la primera persona se presentan también las ideas opuestas. Las de la revolución total propugnada por el héroe de *Juan sin tierra* que ha perdido toda esperanza en las revoluciones organizada de acuerdo con una disciplina estricta.

Como que las novelas tienen características propias del ensayo, el autor pondrá énfasis especial en los aspectos que con-

---

[11] LAWRENCE E. BOWLING: «What is the Stream of Consciousness Technique?, en *PMLA*, 65 (junio 1950), p. 334.

tribuyen a imprimir a sus obras un carácter de creación literaria. Por esta razón, nos recuerda constantemente, la naturaleza artificiosa e imaginativa de los libros por medio de repetidas alusiones al modo en que las novelas están construidas. De esta manera se hace consciente al lector de que los hechos y realidades están vistos desde una perspectiva esencialmente novelística.

El autor no busca la seriedad y la lógica razonadora del tratado o del estudio eruditos. Como novelista y escritor, utiliza medios más específicamente literarios ya que su propósito no es probar una tesis, ni siquiera convencer al lector, sino básicamente sorprenderle desenmascarando sus posibles coartadas y defensas intelectuales o morales que le impedían una visión verdadera de sí mismo y de su circunstancia. Sus novelas provocan una reacción de disgusto, incomodidad o vergüenza con uno mismo que hace que repensemos nuestras convicciones más bien establecidas y nos deja con la ardua tarea de tener que empezar a concebir de nuevo una imagen más apropiada y limpia de nosotros mismos y de nuestro país.

La apelación de las obras de este período va a ir dirigida principalmente a los hombres de criterio libre y emancipado de tutelas de mayor o menor prestigio. El autor se ha separado ya de todo dogmatismo para adoptar una actitud intelectual más auténtica afirmando el derecho del hombre a pensar por sí mismo y a hacerse para sí mismo y para los demás una vida más justa y humana. Goytisolo no oculta o disimula nunca esta independencia y libertad, sino que las asume como uno de los rasgos más típicos y nobles del destino del intelectual de la hora presente.

2.—La destrucción de la familia

Señas de identidad es la novela de Goytisolo que inaugura la etapa que denomino con el término de demitificación. Por sus logros temáticos y formales es, de todas las obras del género publicadas en la posguerra, una de las más notables y significativas.

La segunda edición (1969), a la que me refiero en este estudio, es más breve que la primera (1966), ya que el autor ha suprimido o reestructurado algunas de las partes. El capítulo ocho ha sido eliminado casi en su totalidad. Lo que Goytisolo hace en la segunda edición es redistribuir algunas secciones de este capítulo. Estas secciones corresponden a las páginas: 362-265; 403-405; 411-414 y 415-417 de la edición de 1966. Además se suprimen por completo las páginas 99-102. Es posible que estos cambios se deban a que el autor decidiera prestar oídos a la opinión de algún crítico, como Ricardo Senabre, que había notado que el capítulo ocho, dedicado a Cuba, era bastante marginal con respecto al resto del contenido e intención de la obra[1]. Otros, como Santos Sanz Villanueva, no están de acuerdo. Lo más probable es que el autor quisiera simplemente abreviar un tanto el número de páginas de una novela de extensión considerable. Por mi parte, creo que dicho capítulo tiene un indiscutible interés en cuanto que completa la visión de Cuba que Goytisolo nos presentaba en *Pueblo...* desde una perspectiva menos entusiástica y más crítica.

La novela está construida en torno a un personaje, Alvaro, héroe novelesco de grandes proporciones, cuya vida aparece en

---

[1] RICARDO SENABRE: *art. cit.*

un *flashback* de más de 400 páginas y se nos desteje en una serie de círculos concéntricos hacia atrás cuyo centro es el tiempo presente del protagonista.

Los datos personales básicos de la vida de Alvaro coinciden con los de Goytisolo. Ello contribuye, junto con el carácter de crónica de la España contemporánea, al tono autobiográfico de *Señas...*. Como Goytisolo, Alvaro es un español joven (32 años, los mismos que el autor en el momento de escribir el libro); procede de una familia de origen norteño afincado en Cataluña; ha abandonado España para trasladarse a París, donde reside habitualmente, y sus antepasados estuvieron establecidos en Cuba. Sin embargo, a pesar de los importantes puntos de contacto existentes entre la vida del autor y la del protagonista de la novela, *Señas...* trasciende con mucho los límites de la autobiografía. Se convierte en un análisis comprensivo de las generaciones jóvenes de posguerra, de sus características y problemas diferenciales y los de la sociedad en torno a ellos. El libro tiene, pues, un carácter general y representativo. Alvaro es un portavoz, sincero y lúcido, que actúa y expresa las frustraciones, el dolor y la rebeldía de todos los españoles contemporáneos que, como él, han tenido que vivir unas circunstancias extraordinariamente difíciles.

«Señas de identidad» no es el título original pensado para el libro. Goytisolo tenía proyectado otro, «Mejor la destrucción, el fuego», que es significativamente un verso en Cernuda. Luego abandonaría la idea al ver que, con escasa antelación a la aparición de su novela, se habían publicado varias obras cuyos títulos incluían también la palabra fuego. No obstante, el libro tiene mucho del espíritu enunciado en el primer título: Alvaro, en efecto, está empeñado en la destrucción de las mentiras, valores falsos y mistificaciones de su vida personal y de la sociedad española de posguerra. Sólo al final de este arduo proceso de aniquilación total, podrá encontrar una identidad nueva que esté más de acuerdo con la imagen moral de sí mismo que ha estado elaborando trabajosamente por largos años.

El tiempo presente de la novela ocupa tres días de un caluroso verano catalán. Alvaro ha regresado a la masía de su familia para pasar la convalecencia de un inesperado y gravísimo ataque de corazón que le sobrevino mientras caminaba por una de las avenidas de París. En esos tres días no ocurre aparentemente nada digno de mención: Alvaro pasa las horas muertas en el jardín de la casa sentado en un sillón, mirando fotografías, ojeando revistas, conversando de cuando en cuando con su mujer y sus amigos.

Como la biografía de Alvaro está indisolublemente ligada a España —aunque esté expatriado y lejos de ella—, algunos temas del libro coincidirán con otros ya tratados en novelas precedentes, como ocurre en especial con el de la guerra civil. Ello no le resta novedad a la novela, ya que estos motivos recurrentes están vistos desde una perspectiva diferente. Así, por ejemplo, si en *Duelo...* la guerra española era considerada como la causa del desamparo de los niños y de la violencia de su conducta, en *Señas...* está vista primordialmente desde el punto de vista de lucha innecesaria y absurda entre las gentes de la misma nación. El propio Alvaro perderá a su padre y a su tío, asesinados en la contienda por miembros de una organización extremista de izquierda. En realidad, la mayor parte del material contenido en *Señas...* es nuevo y responde a la orientación general que Goytisolo se ha trazado en este período: crítica de la España turística, de la actuación de la izquierda española, de la función y papel de los exiliados.

Señas... es uno de los análisis más lúcidos y maduros que se han hecho, en el plano literario, de la España y de los españoles de posguerra, «tal vez el más ambicioso llevado a cabo en nuestros días en forma de novela» [2]. En este sentido, el libro es más profundo y completo que *Tiempo de silencio,* su antecedente en cuanto a la forma. Goytisolo se expresa en esta obra sin las reservas que podíamos encontrar en las novelas del pasado. Esto se debe a que se ha apartado totalmente ya de la autocensura en todas sus formas. Por esto, el libro puede parecer en ocasiones implacable y demasiado amargo en sus juicios del país y de sus habitantes. Sin embargo, Goytisolo se incluye a sí mismo en sus ataques como un culpable y víctima más de esa desventura y frustración colectiva que para él es la España contemporánea. El libro está dotado de esa belleza «maldita» de la que participan de manera casi invariable la mayoría

---

[2] FERNANDO MORÁN: p. 360.

de las grandes novelas de este siglo. No le basta al autor con criticar; le «es preciso fustigar verbalmente, acometer, subvertir, violar, profanar. La honda excitación del autor se comunica al estilo y a los lectores»[3]. El poderoso efecto que produce en nosotros no nos llega por medio del placer estético equilibrado, sino de la inquietud y el desconcierto.

El tema de la rebelión ante la familia, que encontrábamos tratado de manera aún imprecisa en *Juegos*..., alcanza en *Señas*... un examen más adecuado y profundo. A diferencia de los adolescentes de aquella novela, Alvaro es un hombre maduro, con experiencia, capaz de analizar con serenidad y exactitud todos los aspectos del tejido de sus relaciones familiares.

Goytisolo ataca a la familia en general por ser una institución burguesa; y a la familia española en especial por ver, en su cerrazón y su egoísmo, uno de los valores negativos de la vida hispánica. En este ataque, Alvaro se detiene, en primer lugar, en su propia familia. Con objeto de rememorar la historia familiar, examina una y otra vez un viejo álbum de fotos que se conserva en casa de sus padres y que le sirve para vivificar los nebulosos recuerdos de la personalidad y la conducta de sus antepasados, muertos todos en el transcurso de este siglo. Mientras mira las fotografías evoca, por asociación de ideas, acontecimientos claves que le ayudan a recomponer la imagen rota de su familia que su memoria retenía tan sólo de manera confusa.

El análisis que Alvaro hace de la vida de los miembros de su familia es, asimismo, un enjuiciamiento de la burguesía española de este siglo. Su generación «es la primera en que los jóvenes de la burguesía media y alta someten a crítica las ideas y vivencias de su medio —el de sus padres— y, luego, tratan de entroncar con las corrientes seccionadas de la vida nacional»[4]. Alvaro explora, disecciona y diagnostica con objetividad y distanciamiento los vicios y males de la rama paterna familiar a la que hace responsable directo, por su aquiescencia o silencio culpable, del advenimiento del régimen, del estado presente

---

[3] MANUEL DURÁN: *art. cit.*, p. 168.
[4] FERNANDO MORÁN: p. 379.

de España. Atacará, además, los valores falsos de la burguesía haciéndolos descender del cielo privilegiado de Verdades absolutas, intocables y míticas, para poner al descubierto su auténtica naturaleza hecha meramente de conveniencia y de egoísmo de clase.

Alvaro trata desesperadamente de ponerse al margen de su familia, de explicarse a sí mismo sin referencia a los valores de su clase o, en todo caso, en oposición a ellos. Hay odio y desprecio amargos en esta postura. Se sabe desarraigado, pero al mismo tiempo, lejos ya del apasionamiento optimista de su adolescencia, reconoce que muchas de sus ideas y concepciones son aún, a pesar de su rebeldía, los de su clase y que la lucha contra el pasado que él desdeña debe recomenzar incesantemente.

El ataque de Alvaro se inicia con sus bisabuelos, emigrados a Cuba en el siglo pasado; allí se enriquecieron con varias plantaciones de azúcar cuando la isla era aún colonia española. Para su bisabuelo —al que evoca a la vista de las amarillentas fotografías del álbum— tiene palabras durísimas, casi despiadadas: «astuto traficante, especulador y negrero, de mirada cruel y altiva» (*Señas...*, p. 17). De su bisabuela dirá que fue «resignada y muda, perentoriamente vestida de luto, esposa desengañada e infeliz» (p. 17) y que se sintió irremediablemente desdichada en su matrimonio viéndose condenada a ser «suplantada en el lecho por las esclavas negras» (p. 17).

Los abuelos y los tíos son «virtuosos, egoístas, devotos y avaros» (p. 17); las mujeres: «degenerada raza de futuras solteronas agriadas» (p. 18); los hombres: «parasitarios caballeros tan inútiles como decorativos» (p. 18). Con su padre, asesinado por un pelotón de campesinos en los días de la guerra civil, es tal vez más indulgente, al advertir en él una actitud de desinterés hacia su familia y sus costumbres sociales. El análisis prosigue ininterrumpidamente en una declaración de amargura y desapego afectivo estremecedores. Se diría que Alvaro ha ido dejando a lo largo de su vida su corazón a jirones de decepción en decepción —primero los padres, luego el país, más tarde el exilio— y que carga ahora retrospectivamente el peso de la culpa en su familia: «tía Mercedes, abandonada por el novio al pie del altar y, desde entonces, enconada enemiga de los hombres y de los placeres de la carne; la mirada aguanosa del tío César, velada por sus gafas de incontables dioptrías, sumido él en el letargo de una vida hogareña sin historia, con dos hijas casaderas —solteronas futuras— y un apagado hijo predestinado al sacerdocio; el primo Jorge, con su entonces recién ganado diploma de bachiller y una trazada carrera de joven Fiscal corruptible y mundano...» (p. 34).

No obstante, este ataque, que en principio podría parecernos implacable, se nos hace mucho más comprensible cuando consideramos los motivos que mueven a Alvaro a hacer una crítica tan severa de su propia familia. El tío Eulogio es, por sus pretensiones intelectuales, quien encarna mejor la hueca ideología de la burguesía española durante las últimas cuatro décadas. Es lector ávido y admirativo del conde de Keyserling y de Spengler. En los años de la segunda guerra mundial y durante la efímera euforia del fascismo en el país, vaticinaba a los cuatro vientos la destrucción de la civilización europea a manos de la barbarie del comunismo ruso. Sus palabras, contaminadas por la propaganda oficial suenan aún hoy de modo familiar: «la comodidad, la vida fácil degeneran la raza... El coeficiente de natalidad disminuye. En Siberia las mujeres kirghisas paren a lomo de caballo» (p. 36). Con el tiempo el tío Eulogio, guareciéndose siempre al socaire de los hombres e ideas que le parecen las más fuertes y seguras, defenderá acérrimamente a «El Benefactor». Más tarde pasará en corto tiempo «por obra y gracia del turismo y despegue económico, a la defensa de los valores europeos y liberales prudente, muy prudentemente, para el aciago día en que el Benefactor faltase y, de nuevo, como en aquel desolado invierno del 45, tuvieran necesidad de un rey —decorativa y vistosa pieza de recambio—» (p. 40).

La insinceridad y la falta de honestidad de su familia y de su clase mueven a Alvaro a rechazar los valores que representa. Su rebelión es de orden ético, producto de la reflexión y no de la necesidad económica. De ahí que su ataque vaya dirigido contra la burguesía, en cuanto que se prestó a colaborar en la realidad política y cultural del país más que como clase económicamente explotadora.

La educación religiosa sufre la misma crítica demitificadora que la de la familia. Alvaro juzgará como falsas e inservibles la piedad y moral religiosas, la represión sexual, la rígida disciplina de las aulas que los religiosos del colegio privado le inculcaron por la fuerza.

Como tesimonio de su propia educación, Goytisolo incluye en el libro fragmentos de textos auténticos que contribuyeron a modelar su infancia. Unas veces son páginas entresacadas de libros de piedad o de vidas de santos; otras, psicogramas sobre su carácter o las notas de un boletín de calificaciones [5]. En la novela, estas realidades y objetos forman el mundo perfecto de la infancia de Alvaro, el *alter ego* del novelista. Pero el protagonista de *Señas...* juzga ahora su niñez desde una perspectiva radicalmente distinta, como un tiempo malgastado irreparablemente en el ejercicio de una moral hipócrita e impracticable, y tristemente falto de una educación más racional y humana: «años aquellos de arrepentimiento y pecado, esperma y confesiones, propósitos de enmienda y renovadas dudas, tenazmente gastados en invocar a un dios sordo —vaciado desde hacía siglos de su prístino y original contenido— hasta el momento en que la vida había impuesto sus fueros y el precario costoso edificio se derrumbara como un castillo de naipes» (página 18).

Goytisolo desmonta la supuesta grandeza y hermosura míticas de su educación religiosa por medio de la presentación de su cara irrisoria y grotesca. Alvaro, por ejemplo, evoca con sarcasmo los esfuerzos absurdos con que ocupó sus años de infancia para emular las virtudes sobrehumanas y excepcionales de la vida de los niños santos que le salían al paso en sus lecturas piadosas.

La educación recibida durante la infancia no fue nunca más allá de la superficie y, ahogada por un celo irracional, quedó desprovista de toda seriedad y significación. Para el niño alumno ejemplar de un colegio privado, la religión se vio reducida a un conjunto de gestos rituales, a un repertorio de poses más o menos gráciles, pero igualmente vacías: «ingenuamente habías intentado imitar las actitudes de los mártires dibujados

---

[5] Copias de estos textos se hallan en el archivo de la Murgar Memorial Library.

en el libro con una corona de santidad milagrosamente sostenida sobre su rubia y angelical cabeza, observándote horas y
horas en el espejo del cuarto de baño y preguntándote con angustia si los niños morenos y saludables como tú podían aspi-
rar, no obstante, al favor y protección de las potencias celes-
tiales» (p. 23). El epílogo a la inutilidad de la educación religiosa de Alvaro es su ateísmo del presente, su repulsa total del
Dios cristiano cuyo papel de redentor de la humanidad es
visto por él como una «rocambolesca fábula» (p. 79).

Junto a esta crítica de la enseñanza religiosa, Goytisolo se
lamentará en otro lugar de la escasez o ausencia total de cultura
auténtica típicas de los programas de estudios de la época:
«cuando en 1948 ingresé en la universidad de Barcelona —después de un bachillerato en el que la única obra literaria que
se nos dio a leer fue *Pequeñeces,* del padre Coloma— las obras
de Alberti y Lorca, por ejemplo, circulaban en copias escritas
a máquina y conseguir una novela de Camus o de Sartre im-
plicaba el conocimiento previo de alguna red ilegal de libre-
ros especializados en el contrabando de libros prohibidos» [6].

La ruptura con la familia se ha dado como consecuencia
de un lento proceso de rebelión. Tras la primera adhesión al
núcleo familiar, involuntaria y ligada al azar del nacimiento,
Alvaro empieza a cortar, ya desde su infancia, los lazos que
le unen a sus allegados. La amistad con Jerónimo, un peón
eventual que trabajaba para sus padres al tiempo que secre-
tamente colaboraba con los *maquis,* señala uno de los primeros pasos de su ruptura. El trato amistoso existente entre los
dos nos recuerda en mucho el de las novelas del primer período,
el de Gorila y Pipo, por ejemplo, sólo que ahora esta amistad
ha perdido el aura de irrealidad y fantasía que rodeaba a las
precedentes. Jerónimo representa para Alvaro un elemento inconsciente de subversión del orden familiar. Por medio de las
conversaciones con Jerónimo mantenidas a escondidas de sus
padres, Alvaro entra en el dominio de lo arriesgado, de lo
prohibido, tan distinto del mundo familiar, sospechosamente
estable y perfecto. Cuando Jerónimo muere en una refriega

---

[6] JUAN GOYTISOLO: «La novela española contemporánea», en *Libre,*
2 (dic.-en.-feb. 1971-72), p. 34.

sostenida en las montañas con la guardia civil, Alvaro sólo intuye en ese momento de manera imprecisa e incompleta el significado de la muerte de su amigo. Pero esa muerte va a tener resonancias en el futuro. Años más tarde comprenderá que Jerónimo «había muerto por todos y cada uno de vosotros, como sabíais —con qué dolor, dios mío, y qué vergüenza— que había muerto, igualmente, por ti» (p. 49).

Como está condenado a la soledad que da el exilio, Alvaro necesita asimismo de seres con los que identificarse y en los que encontrar afinidades y contactos afectivos. Por ello el rechazo del mundo familiar no incluye a los miembros de la familia por la rama materna compuesta de hombres y mujeres de refinada sensibilidad artística y de soñadores e idealistas; todos ellos fueron seres de personalidad más compleja y atractiva que los de la paterna, formada por comerciantes egoístamente ávidos de dinero y de seguridad personal. Alvaro se considera a sí mismo «como el último brote del árbol condenado y enfermo» (p. 49), símbolo de los allegados con los que se identifica.

Para rescatar a esas figuras del olvido, Alvaro tendrá que recurrir a otros auxiliares distintos de las fotografías porque esas figuras están excluidas del álbum. La recuperación de la imagen perdida de la madre se la proporciona un cuadro al óleo que se conserva en la masía; en él, Alvaro ve una mujer de rasgos delicados y humanos: «ojos azules soñadores y ausentes; una belleza antigua evaporada como el perfume de un viejo pomo abierto; un pañolín de seda sobre el pelo rebelde, dorado todavía y abundante» (p. 49). Una bella partitura de Erik Satie y una vieja postal enviada desde las ruinas de Taormina le ayudan en su intento de reconstruir los aspectos esenciales de la personalidad de una de sus tías maternas, Gertrudis, mujer «recatada y sentible, suave y melancólica» (p. 56), cuya muerte ocurrió durante una representación teatral.

El familiar con quien Alvaro guarda una similitud intelectual y humana más estrecha es el tío Néstor, especie de personaje maldito de la familia, del que nadie habla y a quien todos preferirían olvidar para siempre. El tío Néstor abandonó, como él, el hogar y se dedicó a pasear su extravagante personalidad de anarquista rebelde y de *snob* por Europa hasta el momento de su suicidio en Ginebra. En el tío Néstor alienta ya gran parte de su espíritu inconformista. Pero Alvaro sustituirá el *snobismo* artístico de su tío con una actitud política más seria y comprometida. Uno de los fragmentos de una carta de despedida por tío Néstor a su familia nos recuerda sobremanera las palabras de Alvaro al final de *Señas*...: «si no voleu enviar més diners no n'envieu de totes maneres no tornaré a Barcelona / ni jo us vaig escollir a vosaltres ni vosaltres em vau escollir a mí ningú no en té la culpa / morir per Irlanda hauría estat una exageració estic millor aqui en aquesta botiga de rellotges / em moriré de fàstic a Suissa lluny de les vostres esglesies y dels vostres capellans tot aixó us estalviareu el preu del meu enterro i dels meus funerals» (p. 348).

Alvaro no superará nunca del todo el complejo de culpabilidad originado por la conducta familiar. Por ser honrado seguirá sintiéndose responsable, aún al cabo de los años, de la explotación a que su bisabuelo sometió a sus esclavos de Cuba. Su solidaridad con todos los desposeídos del mundo (obreros, emigrantes, negros, etc.), es una forma de expiación que se ha buscado para tratar de borrar un pasado que se cierne ominosamente sobre su vida.

3.—La destrucción de los mitos políticos

Son varios los mitos de la vida y de la historia contemporánea que tratan de destruirse en *Señas...* . Ya hemos visto cómo se hacía con algunos de los mitos de la burguesía. Hay otros temas que son examinados a través de parecida lente crítica. Así, por ejemplo, la paz de la posguerra nos es mostrada (en especial, en el Cap. IV) en su realidad, es decir, como opresión y falta de libertad. De la misma manera se revisan, para su demitificación, numerosos datos acerca de la historia de la República y de la guerra civil publicados dentro del país. Así sucede con el acontecimiento histórico de la matanza de campesinos a manos de la guardia civil (ocurrida en Yeste, en el libro) pocas semanas antes del comienzo de la guerra

Goytisolo desarrolla el proceso de la tragedia, y nos lo encuadra en las circunstancias reales de la misma que difieren considerablemente de las versiones oficiales. Obtiene los datos necesarios por medio de la lectura e investigación de los periódicos y revistas de la época. En el mencionado archivo de Boston se guardan los recortes de prensa utilizados por el autor como fuente de información. Los periódicos son de signo y orientación diversa *(La Vanguardia de Barcelona, Solidaridad Obrera)*, con lo que se nos da una imagen plural de los acontecimientos. En el libro se nos describe progresivamente el enfrentamiento entre los campesinos de Yeste, hambrientos y sin recursos, y el cacique que se había apropiado ilegítimamente de las tierras del pueblo; el uso creciente de la violencia por parte del cacique y de los agentes del orden; y, finalmente, el asesinato injustificado de numerosos hombres inocentes, cuya única culpa había sido reclamar justamente los medios necesarios para vivir con dignidad.

Aunque la labor crítica y demitificadora de Goytisolo se aplica sobre todo a las ideas y el comportamiento de las fuerzas conservadoras del país y a sus perniciosos efectos en la vida española, el autor analiza también algunos de los defectos y errores de la izquierda liberal y progresiva. La actitud de Goytisolo es, pues, en buena manera de autocrítica, ya que el autor no ha dejado por un instante de incluirse a sí mismo y a su obra dentro de las corrientes básicas del pensamiento progresivo. Sin embargo, como intelectual y como artista, Goytisolo no puede negarse la libertad de pensar y el derecho de revisar actitudes y actos propios y ajenos que habían sido invalidados con el tiempo y de atacar la insinceridad donde quiera que se halle.

Goytisolo critica por medio de la sátira y el sarcasmo a un tipo bastante común dentro de la caracteriología del intelectual de izquierda: el hombre que sin cesar alardea de sus ideas progresistas, pero que se mantiene invariablemente pasivo y al margen de cualquier acción que pudiera comprometer su vida o su carrera profesional, por lo general casi siempre en estos casos, confortable y brillante. Un ejemplo del mismo es el prestigioso abogado con ambiciones políticas dentro de la oposición que Alvaro y Antonio van a visitar en el transcurso de la huelga de tranvías de Barcelona a fin de obtener de él colaboración y ayuda. Tras muchos circunloquios, el abogado no hace sino aconsejarles una prudencia de motivaciones dudosas: «dejen que otros quemen sus naves y manténganse a la expectativa, como fuerza de reserva» (p. 103). Más adelante, este mismo personaje oportunista se negará a firmar un manifiesto colectivo de protesta presentado por un comité de estudiantes.

A pesar de su prolongada estancia en el extranjero y de preconizar la necesidad de la salida de los españoles fuera del país para exponerse a otros medios culturales, Goytisolo es también un crítico agudo de las realidades deficientes de otros países, en especial de Francia. En *Señas...* se critica, por ejemplo, a la izquierda intelectual francesa, en el episodio de la cena de Alvaro con los escritores franceses. En él aparece perfectamente captada la crueldad sutil y punzante de la situación que enfrenta a un joven rebosante de ingenuidad con el escepticismo de unos hombres cansados de su frívola vida intelectual.

Goytisolo censura el oportunismo y la hipocresía solapadas de un sector de la intelectualidad de izquierda. Además, pone también en entredicho la actitud de quienes, dejándose llevar de ilusiones irreales o de un optimismo excesivo, adoptan posturas que, aunque en principio son bien intencionadas, resultan anacrónicas o están fuera de toda lógica o justificación políticas.

Esta idea aparece novelizada por medio de la presentación del fracaso de una manifestación preparada por los estudiantes de la universidad de Barcelona en cuyo comité de dirigentes figura Alvaro. El optimismo ingenuo de los organizadores, que preveían la intervención multitudinaria de los barceloneses para mostrar su desacuerdo con la política gubernamental, contrasta con el reducidísimo número de participantes y la absoluta ineficacia del acto. Alvaro tendrá que enfrentarse con la amarga e imprevista realidad de la indiferencia política de sus compatriotas en los que había supuesto un espíritu de protesta y rebeldía.

El episodio es trasunto de un suceso histórico y real: la preparación y consiguiente fracaso de la huelga general del 18 de junio de 1959. Goytisolo, en el artículo «La huelga general», publicado en L'Express en 1959, había ya analizado el hecho histórico que se convertiría más tarde en el episodio de la novela [1]. Los organizadores de esa huelga habían previsto una participación masiva. De acuerdo con los medios de la oposición, el éxito de la huelga estaba asegurado, en especial a la vista del enorme despliegue represivo desencadenado por la policía y de las amenazas lanzadas a través de toda la prensa del país. Sin embargo, a despecho de todos los cálculos y previsiones, la huelga resultó ser un absoluto fracaso.

Goytisolo ataca la falta de realismo político de muchos programas de la oposición al franquismo: el no tener en cuenta

---

[1] Véase JUAN GOYTISOLO: «La huelga general», en L'Express (25 jun. 1959).

el potencial auténtico de las fuerzas de base; el despreciar logros pequeños, pero concretos; el embarcarse en aventuras muy
por encima de las posibilidades del momento. Ello es lo que
conduce en *Señas...* a la decepción y amargura de Alvaro y
Antonio.

Además de tratar de desidealizar y reducir el optimismo
ilusorio de los españoles que viven en el país, Goytisolo critica
también la actitud intelectual de los españoles que residen
fuera de España en el exilio. Su ataque es uno de los más duros
de la literatura española en torno al tema del exilio. La crítica,
aunque probalemente bien fundamentada y fiel a la realidad,
peca de falta de emoción y comprensión hacia un grupo humano terriblemente frustrado por circunstancias históricas y personales muy desfavorables. Esto lleva a R. Senabre a criticar
«la sátira de tono grueso en torno a las peripecias de los exiliados españoles en París» y a situarla entre los aspectos negativos de la novela [2]. Sin embargo, es indudable que esta crítica,
como ha reconocido Buckley, es «admirable por su agudeza y
penetración» [3].

Goytisolo elige como punto de referencia para su crítica un
grupo de exiliados de París, cuyo lugar de reunión es el viejo
café de Madame Berger. Con el propósito de hacer más incisiva
su sátira, Goytisolo clasifica a los exiliados de acuerdo con sus
años de estancia fuera de España y de estancamiento en el pasado y los compara con estratos o capas geológicas.

Todos ellos guardan en común el desprecio hacia exiliados
más recientes, hasta llegar al caso extremo del único español
venido en la época de la Semana Trágica, del cual se nos dice
con humor amago «que aparecía de cuando en cuando por el
café de Madame Berger, severo y desdeñoso como una divinidad
momentáneamente extrañada en medio de una cáfila de arribis-
tas, plebeyos y ruines mortales. Emigrado por antonomasia, que
había llevado consigo y para siempre el sésamo y llave de la
Verdad» (p. 248). Goytisolo critica las actitudes de estos hombres, llenos en otro tiempo de vitalidad y de espíritu de cambio,
y convertidos ahora en caricaturas de sí mismos, que repiten

[2] SENABRE, p. 9.
[3] BUCKLEY, p. 212.

invariablemente las mismas palabras y conceptos al cabo de los años.

En el caso de los expatriados de última hora el interés por lo extranjero, que se concreta al principio en un deseo de olvidar todo lo español y de empaparse de la cultura y formas de vida del nuevo país, ceden pronto paso al escepticismo y al desprecio hacia lo que acabará considerándose como meramente extranjero e inferior a lo nacional. Alvaro no puede asimilarse a estos hombres con los que no tiene en común sino el vivir fuera de España: se burlará de sus pobres logros intelectuales que a duras penas materializan de cuando en cuando en revistas que no pasan nunca del primer número; de sus monótonas conversaciones sobre la guerra civil; de su lenguaje político retórico y sin sentido, «frases solemnes y teatrales que milagrosamente crecían como flores japonesas, se enroscaban de pronto lo mismo que boas, trepaban luego igual que bejucos y, a punto de morir ya por consunción se escurrían aún como flexibles y ágiles enredaderas, como sin nunca, pensaba Alvaro, pero que nunca, pudieran tener un final» (p. 257).

Tal vez el mejor ejemplo de esta crítica hacia muchos españoles que viven en el exilio sean las páginas en donde se describen la grandilocuente conferencia del doctor Carnero, un viejo escritor de segundo orden anterior a la guerra civil, en torno al tema de la necesidad imperiosa de restaurar «nuestra pura y amada República». Cuando termina el acto interrumpido bruscamente por los miembros de un grupo de exiliados de tendencias distintas, Alvaro acaba vomitando en una escena de una desolación absoluta. A diferencia de sus compañeros de exilio, Alvaro mantiene la lucidez. Es incapaz de escapar a la realidad de su condición y se da cuenta de la inutilidad de su partida a la par que advierte la imposibilidad del retorno a España por haber roto las raíces familiares, ideológicas y sentimentales que le unían a su país.

Al ver que todas las esperanzas en que pudiera afirmarse se le aparecen como imposibles, Alvaro va a centrar su vida en una lucha implacable contra la fuerza corrosiva del tiempo, contra el olvido del dolor y la injusticia que el paso de la historia parece traer inexorablemente consigo. Alvaro se enfrentará con la España consumidora y turística donde el idealismo generoso de tantos en el pasado ha sido trivializado por el medro personal. Ante esta España adoptará un doble papel heroico y quijotesco. Por un lado, será perpetuo desenmascarador de la mentira y de las justificaciones falsas; por otro, será testigo insobornable en el presente del esfuerzo espléndido de los que se sacrificaron por el país durante la guerra civil o en el transcurso de la posguerra. Así, cuando se pasea por el castillo de Montjuich, contempla una imagen de la ciudad muy distinta de la que ven los numerosos visitantes extranjeros previamente aleccionados por el folleto turístico oficial que les introduce a una urbe supuestamente modélica: industrial, grande, hermosa, con buen clima, sede orgullosa de fiestas y congresos «que procura ser para los visitantes tal y como la vio don Quijote hace más de trescientos años» (p. 402). Alvaro, por su parte, se aferra a la Barcelona obrera y revolucionaria de los años de la guerra civil, cuyas promesas y posibilidades se ven ridiculizadas ahora por la presencia de «las bárbaras caravanas de Hunos Godos Suevos Vándalos Alanos (...) con gafas oscuras shorts sombreros de paja botijos porrones máquinas de fotografiar castañuelas sandalias alpargatas de payés banderillas blusas de nailon pantalones tiroleses camisas estampadas» (p. 402).

Alvaro se niega a ajustarse a este presente sin memoria e impermeable al dolor del pasado. Por el contrario, se afirma desgarradoramente en su esperanza de justicia histórica, en su deseo de que el futuro vendrá a proporcionar una compensación y reconocimiento a los hombres tan injustamente olvidados. Es así como se explica su intento de recoger el pasado, de dejar constancia —cual buen fotógrafo que es— de lo que fue, ya que confía que «alguno comprenderá quizá mucho más tarde» (p. 422). Frente al Montjuic de hermosos paseos y cuidados jardines, convertido tras los primeros años de la guerra en lugar de recreo, aséptico e indiferente, recordará la oscura fortaleza militar, lugar de asesinatos y torturas donde hombres indefensos «afrontaron los fusiles con serenidad lloraron solicitaron valientemente la venia de dar la orden de fuego suplicaron vida salva se reconciliaron con Dios rechazaron los auxilios del cura gritaron rieron aullaron se mearon de miedo cayeron tronchados por las balas» (p. 411).

Este hombre honesto y angustiado sabe también que sus deseos pueden quedar reducidos tan sólo a un sueño efímero de su mente abrumada por la disparidad entre el pasado heroico que pretende reivindicar y el presente. Incluso piensa más de una vez en el suicidio como la salida que vendría a liberarlo de la farsa colectiva que le ha tocado presenciar. Sin embargo, Alvaro va a continuar su solitaria marcha. Unas veces reconocerá su desesperación: «todo ha sido inútil / oh patria / mi nacimiento entre los tuyos el hondo amor que / sin pedirlo tú / durante años obstinadamente te he ofrendado» (p. 420); otras, se ratificará obstinadamente en el apartamiento radical de los miembros de su clase, seguros y satisfechos, tan diferentes de él: «bendito sea mi desvío / todo cuanto me separa de vosotros y me acerca a los parias / a los malditos / a los negros/» (p. 416).

Este personaje alcanzará dimensiones de héroe cuando pronuncie su impresionante promesa de renuncia definitiva a su familia, a su país, a sus compatriotas. Como ha observado Gil Casado, «Goytisolo llega a la misma conclusión que Martín Santos. Para Goytisolo tampoco hay ninguna esperanza concreta en el futuro inmediato. La única posibilidad que tiene Alvaro es la retirada, como en el caso del médico de *Tiempo de silencio*»[4]. A partir de ahora, Alvaro vagará por el mundo en perpetuo exilio, a solas con su noble y magnífica obsesión: decide romper para siempre todas sus ataduras con España. Nada le une ya a su país ni a sus mitos contra los que va a seguir luchando. El único punto de contacto es la lengua y, aun así, también deberá guardar distancias con respecto a ella, ya que se encuentra llena de «sofismas mentiras hipótesis angélicas aparentes verdades / frases vacías cáscaras huecas / alambicados silogismos / buenas palabras /» (p. 420.

Alvaro sale de España desalentado, pero no vencido. Su próximo ataque contra el país, que él ha rechazado radicalmente, será aún más completo y violento. Lo hará confabulado —mítica, fantásticamente— con figuras históricas de procedencia dudosa y dispuesto a revisar y recomponer no sólo el presente sino ocho siglos de vida e historia de la patria abandonada.

---

[4] GIL CASADO, p. 498.

4.—La España de la Historia

El tema central de *Reivindicación...* sigue siendo España. Pero en esta obra Goytisolo está interesado, más que en la concreta sociedad española contemporánea, en la entidad cultural e histórica que España es; en lo que el país ha representado y representa para la historia del mundo; en sus realizaciones y valores característicos y diferenciales que hacen de España una colectividad nacional peculiar y distinta. Hasta este momento Goytisolo se había limitado básicamente a la crítica de la sociedad de este siglo y de los grupos e ideas que la componen. Ahora, el autor va a emprender la crítica de la totalidad de la historia española, o por lo menos de los puntos que considera más importantes. En realidad, *Reivindicación...* es una aproximación a la Historia de España nueva, distinta de la de los historiadores españoles del pasado. Como en forma expresiva ha observado José M. Castellet en el prólogo a la versión francesa: «*Don Julián* aurait dû porter en sous-titre: 'Introduction à l'histoire de l'Espagne', et, au lieu d'être interdit sur tout le territoire espagnol, être admis comme manuel à l'usage des élèves des établissements d'enseignement secondaire» [1].

Reivindicación... coloca ya de forma indiscutible a Goytisolo a la cabeza de los escritores de su generación. La crítica lo ha reconocido así de forma virtualmente unánime. Para Gil Casado: «Con *Reivindicación...* Goytisolo se consagra definitivamente como el primer escritor de nuestra narrativa» [2]. Ma-

---

[1] JUAN GOYTISOLO: *Don Julián,* prólogo de José María Castellet (París: Gallimard, 1971), p. 8.
[2] GIL CASADO, p. 505.

nuel Durán afirma: «la última novela de Goytisolo alcanza una cumbre, probablemente la más alta en el desarrollo de la novela española de nuestro siglo» [3]. Según Kessel Schwartz, esta novela «solidifies his already significant position as one of Spain's leading contemporary novelists» [4].

Reivindicación... carece de argumento y de personajes novelísticos auténticos. El libro está compuesto de un conjunto de cuadros críticos y sarcásticos de la historia y la vida españolas. Lo que proporciona unidad a estos cuadros es un recurso especial ideado por el autor. Goytisolo se inventa una figura, ente mitad real, mitad ficticio, que va a pensar las ideas críticas contenidas en el libro y va a actuar los hechos que se describen en él. Sin esta figura creada por Goytisolo la obra hubiera quedado probablemente reducida a una amalgama sugestiva e interesante, pero más o menos inconexa de ensayos cortos en torno a la historia de España.

La personalidad del personaje se ramifica en dos vertientes. Por una parte el protagonista de *Reivindicación...* es una especie de doble de Goytisolo —como antes lo había sido el héroe de *Señas...*—, reflejo de la evolución biográfica e intelectual más reciente del autor. En esto es, pues, una continuación o prolongación del Alvaro autobiográfico de *Señas...*; es un exiliado español cuyo objetivo se ha convertido al cabo de los años en la reconsideración y denuncia de los males de la patria abandonada. Por otra parte, este personaje, a través de un complicado proceso de asimilación y de identificación, revive una figura histórica del pasado, el conde don Julián, el semilegendario gobernador de Tánger, que permitió la entrada de los musulmanes en la península. La identificación del protagonista de la novela con don Julián será en algunos momentos total hasta el punto de tomar su nombre o la serie de nombres que la historia nos ha legado del famoso conde: Julián, Urbano, Ulbán o Ulyán.

Las razones por las que Goytisolo elige precisamente la figura del conde don Julián son diversas. Ya se ha visto el interés que siempre ha mostrado el autor por encontrarse parale-

---

[3] DURÁN, p. 170.
[4] KESSEL SCHWARTZ: *art. cit.*, p. 960.

los históricos en hombres del pasado español que se asemejen a él en sus actitudes con respecto a España (Larra, Blanco White, Cernuda). El conde don Julián es una figura histórica que, en cuanto que abrió las puertas a la invasión y conquista de la península por los árabes, es decir, facilitó la destrucción de España, se corresponde también con el deseo de Goytisolo de destruir los mitos nacionales.

Además, de *Señas...* a *Reivindicación...* ha pasado ya bastante tiempo. El autor había dejado a Alvaro dispuesto para su partida definitiva de España, tras de haber cumplido su tarea de desmantelamiento de los mitos familiares y patrios. La postura de Alvaro con relación a España era la del derrotado, la del hombre que se siente impotente para transformar o afectar la vida del país. En esto Alvaro es similar a Larra y, como él, se nos revela al final del libro como un personaje proclive al suicidio, idea que, consecuencia directa de su pesimismo, merodea por su mente, aunque no llegue nunca a realizarse. Por el contrario, el protagonista de *Reivindicación...* tiene una personalidad agresiva y violenta y anda a la búsqueda de una vindicación, tan perfecta como sea posible, de los males que la patria ha originado en su vida. De ahí que se sienta afín al conde don Julián, que, de acuerdo con la tradición, no dudó en traicionar a su rey y a su país con el objeto de resarcirse del ultraje inflingido por don Rodrigo a su hija.

Como el conde don Julián, cuyo contorno humano aparece desdibujado y oscurecido por la leyenda, Goytisolo y su doble novelesco son figuras que, debido a su largo y constante alejamiento del país, han quedado envueltas para sus compatriotas en las sombras de lo impreciso y de lo vagamente conocido. También de manera parecida a don Julián, Goytisolo ha pasado a ser, al menos en los medios de la España oficial, una especie de español maldito cuyo nombre se ignora.

Los paralelos históricos de *Reivindicación...* no acaban aquí. la demitificación de Goytisolo pretende ser total y aspira a aniquilar el orden español vigente desde sus mismos cimientos. En ese sentido es comparable al propósito perturbador enunciado por Sade en el epígrafe que Goytisolo incluye al principio del libro: «Je voudrais trouver un crime dont l'effet perpétuel agît, même quand je n'agirais plus, en sorte qu'il n'y eût pas un seul instant de ma vie, où, même en dormant, je ne fusse cause d'un désordre quelconque, et que ce désordre put s'étendre au point qu'il entrainât un corruption générale ou un dérangement si formel qu'au delà même de ma vie l'effet s'en prolongeât encore» (*Reivindicación...*, p. 7).

La elección de Tánger como lugar para su obra tiene una importancia considerable, ya que esta ciudad le proporciona el entorno más adecuado. Goytisolo recuerda las palabras de Genet, un marginado del *establishment* francés como él del español, alusivas a Tánger a la que llama *repaire de traîtres*. Tánger va a ser también para él una especie de guarida, de refugio en el que ponerse a salvo de la España mezquina y torpemente consumidora que desprecia: «fuera de los menguados beneficios de la arrabalera, peninsular sociedad de consumo: de esa España que engorda, sí, pero que sigue muda: proclamándolo orgullosamente frente a tus engreídos compatriotas: todo lo que sea podredumbre, carroña será familiar para ti» (p. 43).

Tánger se convierte para Goytisolo, a través de su personaje, en una segunda patria. El protagonista de la novela se pasea una y otra vez por las calles asimétricas, estrechas y laberínticas de la ciudad, tan distintas de las rectilíneas y perfectas de París o Barcelona; se sienta en las terrazas de los cafés a contemplar con ojos escrutadores la abigarrada multitud de los viandantes; se asombra ante la miseria abrumadora de la ciudad invadida por todo género de sablistas, pordioseros, tullidos y niños que piden limosna. Tánger es el contexto físico y humano, cargado de dolor y de belleza exótica, que devuelve la fruición elemental de vivir a este personaje que huye del tedio y la organización uniformes de las sociedades europeas con las que está familiarizado.

La destrucción mítica que se acomete en *Reivindicación...* tiene un carácter desmesurado y delirante debido a que el autor, tras largos años de espera, ha apurado ya su capacidad para la resignación y la paciencia ante los males de España. Goytisolo se considera a sí mismo como un español «hereje, cismático, renegado, apóstata» (p. 152), que es la imagen que de él han creado sus propios compatriotas. Para este español ha dejado de tener importancia la opinión ajena de aquellos que pudieran escandalizarse por su obra y se dedica de lleno y sin obstáculos o restricciones mentales, políticas o de cualquier otro género a la tarea de destrucción de los mitos de esa «tierra ingrata, entre todas espuria y mezquina» (p. 11). De ahí que no podamos esperar tampoco compasión o indulgencia de ese Ulyán exasperado e impaciente que siente su vida frustrada más allá de toda reparación posible debido a la influencia nefasta de su patria. Sus palabras nos ayudan a comprender el origen de la violencia física y mental extremas que penetran la obra: «bucea tus entrañas / ahoga la piedad / los sentimientos / la mesura / cuanto de manso y misericorde hay en ti mismo / sólo el sexo / y su violencia desnuda / eres Julián / conoces el camino / que ningún respeto ni humana consideración te re-/tengan» (p. 213).

Reivindicación... es una obra en la que se incorporan desde perspectivas diferentes, unas veces favorables, otras en contra, las aportaciones literarias, intelectuales y científicas de autores del pasado y del presente. El propio Goytisolo lo reconoce así abiertamente al agregar al final del libro una lista de los distintos escritores e investigadores de todo género —desde Alfonso X a Ian Fleming— que han influido directamente en *Reivindicación...*. Entre estas influencias, dos tienen un relieve especial: la del cine y la del psicoanálisis.

Dos son las influencias básicas en el campo del cine: Luis Buñuel y Federico Fellini. La huella de Buñuel está presente en la mezcla indiscriminada y arbitraria de sueños y realidad y en la crítica de humor corrosivo con que Buñuel ataca los mitos españoles. El arte de Fellini se deja ver en el modo en que el autor envuelve con frecuencia las situaciones y las cosas en una atmósfera vaporosa y semifantástica que difumina la realidad y le da calidades de ambigüedad e irrealidad. Goytisolo hace penetrar toda su novela del ambiente de los baños árabes que Ulyán visita asiduamente: «en una penumbra brumosa que parece adensarse conforme te adentras en ella: baño de irrealidad que desbarata planos, desdibuja contornos, rescata sólo imágenes inconexas, furtivas...» (p. 84).

Considerables reminiscencias cinematográficas tiene también la técnica descriptiva usada por Goytisolo en cuanto que diversas escenas se nos presentan en una especie de planos fijos en los que el ojo del autor —en el cine, la cámara— capta uno por uno todos los detalles que se le ofrecen a la vista y los plasma con exactitud exhaustiva. La sobriedad descriptiva del pasado se transforma ahora en un interés obsesivo por incluirlo todo, hasta lo más insignificante. Así se describe, por ejemplo, la habitación de Ulyán: «las sillas, un armario empotrado, una mesita de noche, una estufa de gas: un mapa del Imperio Jerifiano escala I/1000000, impreso en Hallwag, Berna, Suiza: un grabado en colores con diferentes especies de hojas: envainadora (trigo), entera (alforjón), dentada (ortiga), digitada (castaño de Indias), verticilada (rubia): en el respaldo de la silla: la chaqueta de pana, un pantalón de tergal, una camisa de cuadros, un suéter de lana arrugado...» (p. 14).

La influencia de Freud es muy importante. Por primera vez en la obra de Goytisolo encontramos una utilización consciente y extensa de la teoría psicoanalítica, en especial, en los episodios relacionados con el sexo, la infancia y los sueños[5]. Las ideas de Freud le sirven a Goytisolo para crear la personalidad compleja y confusa de Ulyán a la par que confieren a toda la obra un tono patológico, turbulento y desconcertante perfectamente preconcebido por el autor.

España se ha convertido para Ulyán en la obsesión única de su vida, especie de idea fija, posesiva y absoluta, que abarca, penetra y determina todos sus actos y pensamientos. Lo único que de verdad cuenta para él no es el amor (no tiene relaciones afectivas con ninguna mujer), la familia (ha renegado de ella) o el trabajo (su actividad principal es deambular desocupadamente por las calles de Tánger), sino la España que ha abandonado y a la que ha renunciado desde hace tiempo.

Esta obsesión es más fuerte que su razón o que sus recursos psicológicos de autodefensa y Ulyán se ve incapaz de superarla o de escapar a sus efectos. Esto se manifiesta en todos los momentos de su existencia y en especial en su sobreactiva y torturante vida mental mellada por la neurosis, la confusión de la realidad y los sueños, del presente y el pasado, por su interés morboso en la violencia sexual. En algunos momentos,

---

[5] Véase José Ortega: *op. cit.*, pp. 77-131, y Schwartz: *art. cit.*

Ulyán parece haber perdido o estar en trance de perder la razón. Claro está que su enajenación mental cobra un carácter de grandeza heroica, ya que, si sufre, es precisamente debido a su lucidez extraordinaria para percibir los males y defectos de su país y a su sensibilidad profunda que le hace sentirlos con particular y dolorosa agudeza. El trauma de Ulyán está producido en última instancia por una sobreabundancia de amor y de inteligencia hacia España que le lleva a las manías obsesivas y a la perversidad.

Los episodios violentos, dislocados e inmorales son numerosos y ocupan un lugar preeminente. Unas veces el tema es la aberración sexual (sodomía, sadismo, incesto), o la brutalidad física más monstruosa; otras, el gusto por lo malsano y repugnante: la descripción detallada de los efectos de la sífilis o de la rabia, por ejemplo. La obra parece situada en un cosmos moral que asemeja un demoníaco reino del mal donde éste aparece glorificado y enaltecido.

Estas características se ven expresadas, sobre todo, en los *happenings,* de los que hay varios ejemplos a lo largo del libro. Una buena definición del término es ésta: «Una representación teatral de actos raros, burlescos y no relacionados entre sí; es con frecuencia imprevista y requiere participación por parte de la audiencia» [6].

Goytisolo toma este procedimiento ideado por el teatro de vanguardia americano y lo adapta a su novela en una serie de episodios generalmente cortos y rápidos que aportan interés y acción dramática a los largos rodeos mentales de Ulyán.

El escenario del primero de los *happenings* está localizado en las calles populosas y exóticas de Tánger. La audiencia está compuesta por un grupo de turistas americanos, en gira por los lugares más característicos de la ciudad, a los que se ha juntado momentáneamente Ulyán. Uno de los protagonistas es un encantador de serpientes que pone en práctica sus habilidades ante las miradas de un público ansioso de emociones. El

---

[6] La definición original en inglés es ésta: «A theatrical performance of unrelated and bizarre or ludicrous actions, often spontaneous and with some participation by the audience». *Webster's New World Dictionary of the American Language* (New York: The World Publishing Co., 1970), p. 636.

otro es uno de los integrantes del grupo, una joven americana, espectacular y atractiva, a la que irónicamente se llama en el libro Hija de la Revolución Americana. Tras de mostrar su dominio sobre el reptil, el encantador solicita un voluntario que pose para una foto con la serpiente en los hombros. La joven se presta a esta inocente farsa que se repite diariamente. Pero en esta ocasión su desenlace será distinto. De repente, el reptil se encoleriza, se enrosca a su cuello y le clava los dientes en las mejillas hasta producirle la muerte.

La escena rutinaria de siempre se convierte así en hecho trágico. Goytisolo nos previene inmediatamente sobre la artificiosidad arbitraria del cambio («es la escena de todos los días, pero cambiarás el final», p. 66) que se justifica en virtud del deseo del autor de impresionar al lector con lo mórbido e inesperado. El final del episodio, en continuo *crescendo* hacia lo esperpéntico y lo delirante, así lo indica: «no cabe la menor duda: la ponzoña es mortal: familiares y amigos asisten a su agonía paralizados: agoreros buitres dibujan espirales helicoides sobre el cadáver y los gnomos orientales del Zoco Grande se precipitan sobre él y le despojan de sus joyas y adornos: con irreverencia obscena levantan la falda y se arriman a orinar a la gruta: la llegada imprevista de un carro mortuorio dispersa la imantada multitud y pone punto final al macabro happening» (p. 68). Más adelante, y de modo que no nos queden ya dudas sobre la finalidad meramente funcional de la escena, la Hija de la Revolución Americana reaparecerá en varias ocasiones como si su muerte previa no hubiera tenido nunca lugar.

Este desafío a lo verídico con la finalidad de poner mayor énfasis en la intencionalidad de lo que se relata se vuelve a encontrar de nuevo en otro de los *happenings* de la novela. Aquí el lugar es el Madrid que, en contraste con su recién estrenado aire de ciudad moderna con rascacielos y grandes avenidas, procede a celebrar el acto «medieval» de la procesión del Silencio. En esta ocasión, además de la inverosimilitud, se pone de manifiesto un propósito humorístico por medio del cual se profana la función religiosa. Así se nos dirá que la cruz que preside el desfile está hecha con un poste de telégrafos de más de cien kilos de peso; que las cadenas de los penitentes han sido adquiridas en el Rastro y en los cilicios «la parte destinada al contacto con la carne está erizada de púas con un filo muy semejante al corte de las navajas, y las hay para colocar alrededor del brazo, del muslo o de la cintura, según el gusto del consumidor» (p. 183).

La procesión seguirá normalmente hasta que sus participantes truecan sus composturas dolientes por otras festivas y empiezan a moverse al ritmo de frenéticas danzas tropicales. En medio de los danzantes aparece Ulyán, que se junta al grupo de los que hasta hace poco parecían contritos penitentes y saborea la alegría delirante de su victoria, de su boicoteo de un acto clave de la España sagrada que odia: «eres tú, Julián, ennoblecido y aureolado de tu secular felonía!: tus pobladas cejas se arquean alertas y tus labios rotundos muestran la afilada blancura de unos dientes habituados al mordisco, al beso varón: tus implacables pupilas indagan juveniles presas y vuelan tras la esquiva silueta de alguna doncella rubia y católica: sin cuartel, sin cuartel!» (p. 185).

Los ataques de los *happenings* son particularmente duros contra una de las instituciones capitales del país, la Iglesia, por juzgarla responsable de gran parte de las normas educativas y culturales de la sociedad del país. Contra ella deja caer Goytisolo toda la fuerza de su exasperación y de su sarcasmo, de un modo que nos recuerda el de algunas obras de Buñuel, como *Viridiana* o *La Voie lactée*.

En uno de los *happenings* finales Ulyán entra en una iglesia (casa del Miedo en el libro) disfrazado con un hábito de sacerdote. Va dispuesto a desbaratar los actos «míticos» que se celebran en la iglesia; para ello, se esconde en un confesonario, donde exhorta al desenfreno a los pecadores que se dirigen a él. De pronto, unos polvos de haschich distribuidos entre los asistentes, convierten la devota ceremonia en función obscena y descabellada. Ulyán profana el templo que acaba derrumbándose y queda reducido a escombros.

El contenido de los *happenings* no debe ser entendido de manera literal. Sus ataques hiperbólicos cumplen un papel didáctico y simbólico. Dado que no es posible cambiar España por medio de la acción racional y organizada, el autor subraya así de modo desarticulado y expresionista la necesidad de la destrucción del mundo español de valores caducos que siguen perdurando en forma obstinada a través del tiempo y al margen del progreso histórico que inexorablemente se desarrolla a su alrededor.

En *Reivindicación...* vuelve a encontrarse el tema de la infancia. Pero ahora la infancia ya no es vista a través de la nostalgia o de la tristeza reparadoras, susceptibles de suavizar la crueldad y el sufrimiento. En *Reivindicación...* la infancia del protagonista se nos muestra en su realidad desnuda y brutal. Gran parte de las terribles obsesiones de Ulyán están producidas por la pervivencia de traumas infantiles que no ha conseguido solventar o remediar. Por ejemplo, su homofilia tiene su origen en los aterradores sermones de los religiosos del colegio que, pretendiendo edificarle a través del miedo y el castigo, desequilibraron su mente infantil de manera irreparable. Igualmente tienen su origen en la infancia otras de sus neurosis: la obsesión con las enfermedades venéreas, con la orina, el sol, los insectos y la rabia.

No se rechaza la infancia en *Reivindicación...*, como ocurría en *Señas...*, por medio de la razón, es decir, exponiendo los hechos de la niñez y tratando de ver en una atmósfera equilibrada sus causas y consecuencias. Por el contrario, el procedimiento es el ataque feroz y despiadado, la destrucción casi sádica. No hay lugar ya para la esperanza o la compasión; los episodios de la infancia estarán penetrados también de la idea de vindicación, típica del libro.

La inopinada aparición del niño árabe que ofrece sus servicios a Ulyán como guía improvisado a través del laberíntico trazado de la ciudad, le retrotrae a la imagen de su niñez reprimida e hipócrita. En la novela, en realidad, este niño es llamado Alvarito, figura recurrente del Alvaro de *Señas...*: «el niño?: qué niño?: tú mismo un cuarto de siglo atrás, alumno aplicado y devoto, idolatrado e idólatra de su madre, querido y admirado de profesores y condiscípulos: muchacho delgado y frágil, vastos ojos, piel blanca; el bozo no asombra aún, ni profana la mórbida calidad de las mejillas: feliz no, más bien inquieto: acosado de presentimientos y deseos, presa grácil, ansiada, de demonios e íncubos» (p. 215).

«Presa grácil ansiada, de demonios e íncubos», concluye Goytisolo para prevenirnos de que a continuación sigue un suceso imprevisto que va a estar en aparente contradicción con el carácter de lo expuesto anteriormente. El procedimiento es característico de *Reivindicación*... para anticiparnos el advenimiento de un hecho de naturaleza terrible e inesperada. En efecto, Alvarito, revivido hasta cobrar apariencia de ser humano real, independiente de la mente de Ulyán que lo recrea, es sometido a su acción perversa hasta que tome en él, por dos veces, la venganza perfecta e irreparable de la muerte.

En primer lugar, Goytisolo reconstruye el cuento de Caperucita Roja y convierte a Alvarito en su protagonista. Pero la historia se nos dará en una versión muy distinta de la habitual, ya que el autor elimina y pervierte su encanto e inocencia infantiles, como se ve en este fragmento en donde se parodia la escena de la llegada de Caperucita a la casa del lobo: «Alvarito hace lo que le ordenan y, luego de desnudarse, se mete en el lecho: pero, apenas se cuela entre las sábanas, queda pasmado al advertir cuán rara es su abuela esta tarde: un moro de complexión maciza, ojos de tigre, bigote de mancuernadas guías, capaz de partir en dos, con sus zarpas bruscas, una baraja de naipes» (p. 209). En la novela, el lobo no es sino el propio Ulyán, disfrazado de abuelita, que tras de recibir los presentes preparados por la mamá de Alvarito, le hace subir a su cama, le sodomiza y le mata brutalmente.

Esta primera venganza no va a bastar a Ulyán, que repetirá en otra oportunidad el obsceno ceremonial. El final del niño será, de nuevo, una muerte mórbida y terrible. El alumno devoto y tímido del colegio de religiosos terminará ahorcándose a la vista de Ulyán que goza en solitario de su venganza: «encaramado en una silla, el niño se anuda cuidadosamente la soga en torno del cuello: desmedida y voraz: y se deja caer: contenido su fervor que estalla como un fastuoso cohete: balanceándose» (p. 230). Sin embargo, la reacción final de Ulyán, que se abraza desesperadamente al cuerpo moribundo del niño, delata la inutilidad y fracaso de su propósito. En última instancia, toda la supuesta grandeza vindicativa de su acto quedará reducida a una visión imposible de su mente, ya que el pasado que rechaza y aborrece seguirá ejerciendo su perniciosa influencia sobre él señalándole siempre la irreversibilidad de su destino, forjado y determinado por España, contra el que él estérilmente se rebela.

5.—Demitificación de la España sagrada

Goytisolo critica duramente en *Reivindicación...* a los españoles que, con sus ideas y su actuación, han hecho posible la realización de la España sagrada a lo largo de la historia hasta llegar al momento presente. Para conseguir este propósito, crea un personaje-tipo, al que llama Figurón, que agrupa en sí las características más peculiares de la España tradicional.

Como Ulyán, Figurón no es un personaje novelesco auténtico que carece de individualidad, autonomía e independencia de conducta con respecto al autor. Figurón es el símbolo o arquetipo de una clase específica de español; del español que ha ocupado y ocupa los lugares preeminentes de la sociedad y que, con su concepción del mundo y sus decisiones desde el poder, ha sido quien ha contribuido más o configurar la «peculiaridad» nacional de España.

La naturaleza de este personaje es compleja; su personalidad está compuesta de los rasgos vitales e ideológicos de los españoles representativos de distintos períodos de la historia del país. Figurón encarna sucesivamente y al mismo tiempo a un abogado inútil y charlatán, llamado Alvaro Peranzules, que ejerce con más pena que gloria su profesión en la España de nuestros días; a un jefe de estado dictatorial como ha habido tantos en la historia del país y a un pensador y teorizante de la España castiza que se identifica con el nombre de Séneca. Figurón será ridiculizado en diversas escenas paródicas y humorísticas que ponen al desnudo las facetas de su mezquina persona.

Los datos biográficos de Figurón hay que entenderlos en el plano simbólico en que está situada *Reivindicación...*: su pa-

dre es Intendente General de Prisiones y su madre es Isabel
la Católica, aunque este personaje no coincide siempre con la
figura histórica de la reina, sino que es más bien un arquetipo
de la mujer española conservadora y sexualmente reprimida.

¿Cuáles son las características personales de Figurón, lo
que lo define como Español oficial por excelencia? En primer
lugar su absoluta falta de ideas y de sincera vida intelectual.
Vacío de pensamientos e incapaz de la más mínima seriedad,
Figurón anda perdido siempre en las aguas turbias de lo inauténtico. Sus palabras quedan reducidas a la mera retórica y sus
actitudes a la gesticulación descoordinada y sin sentido.

Figurón se aferra obstinada y apasionadamente a un breve
y estéril repertorio de ideas que no sólo defiende dogmática
y violentamente, sino que intenta imponer por la fuerza a todos
los demás. Es el español o españoles culpables del atraso científico, técnico e intelectual del país y de la guerra civil casi
permanente que ha ensangrentado a España a lo largo de la
historia moderna. Dogmático e intolerante, Figurón ha ido eliminando sin piedad a todos los compatriotas que se oponían
a sus ideas o amenazaban el *statu quo* establecido. Es el responsable de la funesta expulsión de judíos y moriscos; de los
tribunales de la inquisición; de las incesantes persecuciones de
las fuerzas liberales y progresivas; y, sobre todo, del holocausto
de miles de españoles durante la guerra civil. El propio Figurón
confiesa su credo hecho de violencia y sinrazón: «la materia,
el cuerpo, los cuerpos están o deben estar a las órdenes del
espíritu: si se niegan a obedecer a éste es preciso obligarles por
la violencia, la penitencia o el castigo sobre sí mismo y sobre
los demás: la disciplina, la purga, la sangría: el profluvium
sanguinis: la precavida eliminación de glóbulos rojos y un régimen dietético severo y radical» (p. 118).

En otros momentos de la obra se completan los rasgos de
este personaje «que lleva caparazón y máscara y habla de esencias perennes de la raza»[1]. Figurón se alimenta de garbanzos
que son el plato principal de sus comidas; se entusiasma con
las «alturas» metafísicas; desprecia la técnica y los trabajos
manuales; defiende a machamartillo el sentido ascético y mili-

---

[1] GIL CASADO, p. 504.

tar de la vida; lee a Séneca y se embebe en las doctrinas que afirman la futilidad y vanidad de la vida terrena; por último, Figurón une su destino humano al de la Castilla eterna e imperial. De ahí que su emblema o fetiche sea la cabra, de la cual deriva otro de los nombres, carpeto, con el que se le reconoce en el libro: «las entrañas de Gredos son como las entrañas de la Castilla heroica y mística! : ombligo de nuestro mundo serrano a más de dos mil metros de altura! : la capra encarna a nuestras más puras esencias, no lo sabías?» (p. 82).

Figurón es utilizado asimismo como recurso con que hacer mofa de algunos episodios de la historia contemporánea que han sido mitificados por la propaganda oficial en libros de textos y manuales. Así, por ejemplo, en una ocasión Figurón, convertido en Séneca Senior, sostiene un diálogo telefónico con su hijo Séneca Junior. El texto del mismo, compuesto de versos de obras teatrales del Siglo de Oro, es una imitación jocosa de una famosa conversación telefónica mantenida por un general y su hijo durante la ocupación del Alcázar de Toledo en la guerra, la cual ha pasado a formar parte de la mitología oficial de la España contemporánea. En otra escena, igualmente cómica, Figurón es aclamado fervorosamente por representantes de diversos sectores de la sociedad mientras la casi totalidad del pueblo sinceramente o por conveniencia proclama su adhesión al gobernante que le oprime: «un voto emitido en las cimas etéreas de Gredos dice: sí, sí y sí por los siglos de los siglos / escribo SI con mi propia sangre, proclama un adepto del doctor Sagredo / en Madrigal de las Altas Torres otro elector firma también con su sangre y estampa el sí en la correspondiente papeleta / siete años preso por epicúreo, pero voto a Séneca: un SI al tío más grande de España!» (p. 123).

La vida de Figurón tiene un desenlace tragicómico en consonancia con sus ideas y su conducta. Muere ridículamente en una insignificante biblioteca de Tánger rodeado de sus autores castizos favoritos. Su madre, Isabel la Católica, será víctima del espíritu de perversidad y profanación de la obra. Su final, terrible y blasfemo, servirá para destruir de una vez para siempre los supuestos falsos en que se apoya su virtud.

La acción vindicativa se lleva en *Reivindicación...* hasta el final, hasta la saciedad perfecta; éstas no se logran sino con

la eliminación y la muerte: Ulyán acabará exterminando de la
península a la Capra y al Carpeto tradicionales y en su lugar
traerá una fauna nueva, importada de Australia, destinada a
dar nueva vitalidad y fuerza al país.

Con la eliminación radical de los creadores y defensores
del casticismo y de sus símbolos podría darse por terminada
la tarea destructiva de Ulyán. Sin embargo, no es así y el mundo
en agitación perpetua que es su mente no encuentra —ni encontrará ya tampoco— alivio ni descanso. Su próximo campo
de acción es la literatura de la España sagrada.

Goytisolo critica en especial dos momentos de la literatura
española tenidos como indiscutibles: el Siglo de Oro y el 98.
Lo hace en relación con lo que sus autores tienen de ideología y
de lenguaje muertos, con lo que suponen, no de renovación de
España y de su literatura, sino de estancamiento, porque representan, como Schwartz ha señalado, «a concept of an ar-
chaic Spain which has nothing to do with reality and which
the new generations must eradicate if they are ever to become
contributing members of the contemporary world» [2].

Se hace uso en *Reivindicación...* de varias farsas grotescas,
de índole más o menos absurda con el fin de acentuar la acri-
tud y la efectividad de su crítica de la literatura. Detengámonos
en una de ellas. Una ocupación del obsesionado y obsesionante
Ulyán es la caza de insectos, para cuya captura se sirve de
pequeños cebos que dispone cuidadosamente en diversos lugares de la sombría habitación en que vive. Ulyán toma su sin-
gular tarea con la seriedad y la dedicación más absolutas.

El objeto de esta ocupación se nos descubre en una escena
de cómica grandeza. En ella vemos entrar a Ulyán en la biblioteca española de Tánger con su provisión de insectos y dirigir-
se a la sección de autores clásicos. Luego, mientras hojea los
libros va depositando los insectos en páginas cuidadosamente
elegidas. Son precisamente las más representativas de una
cierta idea de la literatura que desprecia: el retórico soneto
«Dos de Mayo», los diálogos sobre la honra del teatro del Siglo
de Oro, la prosa atildada y vacía, propia de diversos escritores
de las generaciones de este siglo. Ulyán emprende así una

---

[2] SCHWARTZ, p. 966.

profanación personal de esta literatura. Este momento representa para él un clímax de gozo inusitado.

Goytisolo ataca en especial al 98. Ya había estado en desacuerdo antes con los escritores de esa generación. En *Reivindicación*..., sus análisis se convierten en acerbo ataque por considerar que sus obras siguen siendo, aún al cabo de los años, para la crítica oficial la expresión máxima del pensamiento español. En esto Goytisolo coincide otra vez con Cernuda, que aludía a los «mimos» y «piropos» que lectores y críticos han venido dirigiendo a la generación del 98 sin tener en cuenta el desfase inevitable existente entre sus obras y la realidad del presente que requiere nuevas aproximaciones y esquemas [3]. Goytisolo no utiliza ya ahora la argumentación razonada sino el sarcasmo y la parodia, como en este fragmento donde se ridiculiza el estilo paisajístico de estos autores: «acechas el campo recogido y absorto, los chopos del río, la primavera tarda: cerros pelados, olmos sonoros, álamos altos, lentas encinas / suenan, se desgranan una a una, las campanas del Angelus: concierto de badajos en medio del silencio antiguo y solemne: dulce correr de los días iguales: repetición, sustancia de la dicha: costumbre santa / es mediodía: el paisaje está velado por la calina que se levanta del suelo: todo se ve confuso y borroso / los colores apenas brillan» (p. 140). El rechazo del paisaje noventayochista es rotundo y definitivo: «mucha encina hay, Julián: demasiado chopo, demasiado álamo: qué hacer de la llanura inmunda?: tanta aridez y campaneo sublevan, vete: abandona de una vez los caminos trillados: el sitio apesta» (p. 141).

Se critica igualmente la vida intelectual y literaria hecha, según se describe en el libro, de las alabanzas interminables que intercambian mutuamente unos escritores y otros; del temor a ser original; de la constante repetición de las mismas ideas; del miedo a desafiar a los pocos maestros establecidos. De saludable, a pesar de su tono caústico e intransigente, hay que calificar esta crítica de lo que Goytisolo denomina «literatura de plantilla», especie de coto reservado para unos pocos

---

[3] LUIS CERNUDA: *Poesía y literatura* (Barcelona: Seix y Barral, 1971), páginas 383 y ss.

elegidos. La voz del autor, probablemente desoída en los círculos más poderosos del mundo literario y cultural del país, va
destinada sobre todo a los jóvenes. En estas líneas, típicas de la
prosa punzante del último Goytisolo, se resume la trayectoria
de tantas biografías literarias del presente y del pasado:

> «Seguir el juego, hacer acto de presencia, escribir cartas
> admirativas, organizar banquetes encomiásticos! ante ti un
> porvenir radiante abierto en esplendoroso abanico: imitar a
> los maestros, parafrasear sus obras, revestirse de su presti-
> gio, beneficios de su inmunidad! : pasear por el mundo con
> un cadáver ínclito, ceñido en el manto de la virtud de un
> intocable! : recibir flores, jabones, guirnaldas, mimos, cari-
> cias! : exhibir una gran máscara! : pontificar! acuciado de
> remordimientos, de esperanzas, de dudas: adoptando una
> estrategia a largo plazo, una táctica acomodaticia: frecuen-
> tando cafés y tertulias, cultivando amistades importantes:
> respetuoso, comedido, prudente: con sobresaltos y pudores:
> hasta la apoteosis final: espaldarazo académico, premio de
> la fundación Al Capone» (p. 35).

Por sus relaciones con la literatura y su importancia para el
país, Goytisolo ataca asimismo la vaciedad intelectual de los
periódicos e intercala con finalidad irónica diversos fragmentos
representativos de la prensa nacional.

Contra toda esta nimiedad e hipocresía el autor no ve otra
alternativa que la destrucción de lo establecido y su sustitución
por principios y actitudes más significativos. Ulyán hará lo
mismo en el plano mítico de la ficción. Este personaje ambiguo,
que resucita con relación a España los impulsos vindicativos
y de traición del conde don Julián, se propone la aniquilación
de todos los supuestos ideológicos y estéticos. En su invasión
mítica de España —invasión soñada y anhelada hasta la obsesión desde el exilio, pero nunca llevada a la realidad—, Ulyán
destruye los paisajes noveintayochistas: las encinas, los olmos
y los álamos investidos de austeridad y gravedad trascendentes,
casi místicas; los tañidos del Angelus y los ríos ceremoniosos
y solemnes. La meseta castellana queda reducida a su adustez
y sequedad de siempre y a su triste y auténtica realidad de entorno físico miserable. Incluso, en uno de sus arrebatos de

cólera y violencia, llega a imaginar la decapitación, cargada
de significación simbólica, de Platero, y, con él, de todos los
ídolos falsos idealizados por la literatura del pasado.

Para esa «madre de todos los vicios» que para el protagonista de *Reivindicación*... es la patria se reservan epítetos amargos e implacables, repetidos una y otra vez en el libro: desde
tierra «espuria y mezquina» (p. 11) a «costa enemiga» (p. 68)
y «venenosa cicatriz» (61). Contra ella Ulyán planea una destrucción vandálica y definitiva.

En su ataque demitificador, va a ayudarse de las mismas
tropas árabes que, siglos antes, invadieron España al mando
de Tariq. Su mapa de campaña está compuesto precisamente de
las descripciones de la geografía de la España idealizada e
irreal hechas por los escritores del 98: Gredos, Guadarrama,
los Campos de Castilla; los santuarios y refugios habituales de
la España sagrada como Yuste, San Lorenzo del Escorial o las
ruinas de Sagunto y Numancia.

Su principal arma ofensiva es el lenguaje: un lenguaje
nuevo, «anárquico y bárbaro» que se opone a la vaciedad y las
buenas maneras de la prosa oficial. Ulyán establece claramente
que su traición a la patria se llevará a cabo a través del único
puente que le une a ella: la lengua española. Para cumplir
su propósito elimina de su repertorio lingüístico todas las palabras estereotipadas y muertas. Además, retuerce y disloca la
sintaxis mesurada y correcta de muchos escritores, aun los de
tendencias opuestas: «depuis le phalangiste José Antonio jusqu'au socialiste Blas de Otero ou, si l'on préfère, depuis Unamuno jusqu'au Machado tous écrivent de la même manière» [4].
Consigue así una prosa conceptual y difícil, de calidades ba-
rrocas. Es así, por ejemplo, como se hace la crítica de la afición a la tauromaquia: «manoletinas y verónicas, orteguinas y
zunzabiriguetas, ágiles, volanderos silogismos que acrecientan
siglo a siglo el rico acervo de vuestro saber: elucubraciones eté-
reo-musicales de la esteparia cinemática taurina que hacen bro-
tar el olé desde lo hondo del cavernoso gaznate y sostienen el

---

[4] CASTELLET: *Don Julián*, p. 22.

bailador filósofo en el centro desnudo del Gran Nombril! : hueco enorme, pavoroso vacío abierto en el bruñido abdomen nacional, más acá del lechugino concepto y de su hirsuta frondosidad inútil» (p. 200).

Hace además especial referencia a la revalorización de numerosos vocablos hispanos de etimología arábiga y los utiliza como un modo de reivindicación del elemento árabe integrante indiscutible de la civilización española. Aquí Goytisolo se revela discípulo de Américo Castro, en cuyas ideas ha mostrado un interés que se refleja no sólo en su obra de creación, sino también en sus ensayos [5]. De acuerdo con Américo Castro, Goytisolo pone al descubierto la España, en apariencia uniforme y monolítica, pero en verdad conflictiva y desgarrada, propia de la historia posterior a los Reyes Católicos; alude jocosamente a la idea del cristiano viejo; ridiculiza a «los campeones de la evidente concatenación del gene, prueba de la perduración secular de ciertos caracteres étnicos imborrables» (p. 139) y se burla de «los restauradores de la continuidad celtibérica, visigótica y várdula» (p. 139). El autor acaba poniéndose del lado de los proscritos de la historia, en este caso, los árabes.

En su furiosa arremetida contra lo carpetovetónico, Ulyán llegará a eliminar incluso del menú del español castizo muchos de sus placeres gastronómicos recordándole que las palabras con que se mencionan sus alimentos provienen directamente del árabe. Así, de los entremeses, Ulyán suprime el arroz y las aceitunas; de los guisos, las alubias, berenjenas y zanahorias; de los postres, el flan, debido a que contiene caramelo, y la macedonia a causa del jarabe. Asimismo, viéndose ya dueño y señor de la geografía de la España del desarrollo de posguerra y provisto como siempre de su arma vindicativa, provoca en el país catástrofes financieras y bursátiles; suprime aranceles, tarifas y barreras aduaneras, priva del álgebra a las escuelas para acabar sustituyendo, por último, el moderno olé por el original wa-l-lah.

Se nota en *Reivindicación...* un interés indiscutible en re-

---

[5] Véase JUAN GOYTISOLO: «Supervivencias tribales en el medio intelectual español», en *Estudios sobre la obra de América Castro* (Madrid: Taurus, 1971), pp. 141-156.

chazar el lenguaje castizo, en internacionalizar y universalizar la obra por medio de la inclusión de fragmentos escritos en otras lenguas (francés, inglés, italiano, catalán). Igualmente, se vuelve a insistir, como se había hecho antes en *Pueblo en marcha,* en la importancia del español transatlántico a cuyas variedades y modismos el autor se abre incorporándolos de forma espontánea y decidida a su prosa. Reconoce, además, su solidaridad e identificación con diversos autores hispanoamericanos contemporáneos en cuyos deseos innovadores ha encontrado el propio Goytisolo una fuente de inspiración.

Por último, se incluyen también en *Reivindicación...* sublenguajes despreciados, cuando no prohibidos en el lenguaje literario oficial, como los *graffitti* de las paredes de un urinario de Tánger que se reproducen como un intento más de provocar al lector y de revertir sus valores fijos.

Al final de su itinerario demitificador de la España sagrada, Ulyán puede por fin descansar cual un dios colérico y vengativo que hubiera llevado a buen término sus designios contra sus enemigos: «ni un grito, ni un lamento: sólo tu risa, Julián, dueño y señor del wa-l-lah, planeando sobre el baldío solar, ombligo desollado y sin voz abandonado a la erosión de los siglos» (p. 201). Ulyán parece haber cumplido así su propósito de vindicación personal. Con todo, su triunfo tiene la brevedad e inconsistencia de una visión delirante o de un sueño. El recorrido victorioso por la península quedará enmarcado tan sólo por los estrechos límites de la mente torturada de este exiliado recalcitrante destinado a vivir por siempre lejos de la patria a la que él, a pesar de sus manifestaciones de odio, secreta y apasionadamente ama.

A este extraño personaje, mezcla a un tiempo de grandeza y abyección, le aguarda el mismo final desesperanzado que a los otros héroes de las anteriores novelas de Goytisolo. Se repite así el ciclo de pesimismo iniciado en *Juegos de manos.* Al término de su deambular desquiciado por las calles de Tánger, poseído siempre por la idea fija de la invasión y destrucción del país abandonado, Ulyán acabará regresando ineludiblemente a la realidad cotidiana de su triste habitación de pensión.

Hay, con todo, en los pensamientos finales de Ulyán que

cierran el libro una afirmación de rebeldía ciega y obstinada: «lo sabes, lo sabes: mañana será otro día: la invasión recomenzará» (p. 240). Esta rebeldía lo convierte, si no en héroe prometeico bandera y ejemplo indiscutible de los demás, sí en un noble testimonio del espíritu humano en lucha insobornable contra la injusticia y la sinrazón.

6.—Demitificación de la novela

La última novela de Juan Goytisolo, *Juan sin tierra,* continúa y completa varios de los puntos iniciados en su novela precedente. Sigue constante la crítica de la España tradicionalista. Sin embargo, la novela es interesante, sobre todo porque confirma y lleva a su máxima expresión una de las tendencias de este período: su antirrealismo. Voy a dedicar a este aspecto especial atención en este capítulo.

Goytisolo se adhiere a la tendencia realista —con diversas características— hasta *Reivindicación...* . *Señas de identidad* es una obra de transición. *Reivindicación...* y *Juan sin tierra* rompen con los principios del realismo e intentan un camino rigurosamente nuevo. La novela no depende ya del medio; no tiene un referente al que trata de ajustarse y con relación al cual se la juzga y evalúa. Se concibe, por el contrario, como algo independiente de la realidad: es una creación, un arte-facto, que el autor prepara y construye a partir de ideas o invenciones de raíz subjetiva. El punto de referencia es el mundo personal del autor. Goytisolo se une así a una importante corriente de la novela contemporánea que se declara abiertamente antirrealista o, de manera más precisa, irrealista. Autores como Beckett, Borges y Calvino son ejemplos destacados [1]. La novela está provista de autonomía. Sólo el novelista crea sus leyes únicas; él inventa su propia realidad por medio de la fabulación. Estos novelistas han visto que el propósito del realismo de trasladar la realidad ha fracasado; han comprobado que la realidad es

---

[1] Véase TOM SAMET: «Rickie's Cow: Makers and Shapers in Contemporary Fiction», en *Novel,* 9 (otoño 1975), p. 68.

inadmisible; sólo es posible representarla. Además, para ellos lo abstracto y genérico pueden ser tanto o más reales que lo individual y concreto. Los extraños personajes de las novelas de Beckett o de los cuentos de Borges, aunque mantengan en su personalidad y su conducta ciertas características psicológicas humanas, están ubicados en circunstancias insólitas que sirven para ilustrar una preocupación íntima de su creador o una situación existencial o filosófica. Con gran frecuencia estas situaciones violan toda convención de verosimilitud y se proponen como un ataque contra la lógica.

El propósito de *Juan sin tierra* se centra en una meticulosa reflexión sobre la novela. Su interés no está en el relato, en lo que se cuenta *(récit);* está en el estudio del modo en que se organizan los elementos de la novela. *Juan sin tierra* es sobre todo un análisis del proceso estructurante del escribir, del discurso narrativo o escritura. El análisis de Goytisolo abarca no sólo los principios que influyen directamente en su obra; se extiende a la novela europea moderna y de otros períodos. La revisión de Goytisolo tiene, por tanto, un carácter panorámico; su crítica y sus soluciones deben ser entendidas desde una perspectiva también europea.

Voy a comenzar con el examen de la concepción del personaje. El personaje de la novela realista está provisto de rasgos físicos y psicológicos bien definidos; tiene una personalidad sólida; interviene constantemente en toda clase de relaciones humanas. Todo esto contribuye a hacer de él un individuo inteligible, más inteligible incluso que los de la vida real porque se nos revela de manera completa en su interioridad; carece de los secretos y de la misteriosa incertidumbre que limita nuestro conocimiento de los seres con que convivimos. El personaje de la novela realista se caracteriza por lo que es, por su esencia. En *Juan sin tierra* se ridiculiza a este personaje: «su cara es tersa, irregular y algo deprimida en la parte superior, a causa sin duda de su frente despejada y un tanto huidiza, surcada de una levísima red de arrugas que va de las entradas del cuero cabelludo al límite de las bien dibujadas

---

² ALAIN ROBBE-GRILLET: *Pour un nouveau roman* (París: Les Editions du Minuit, 1963), p. 11.

cejas, sobre unos ojos oscuros, pequeños y medio cerrados, pero escudriñadores e inquietos» (p. 275).

Para la crítica y la novela *irrealista* el personaje no se entiende como un *ser;* se caracteriza por lo que hace, por sus actos. La crítica estructuralista llama a estos personajes participantes en la acción o *actantes.* V. Propp los reduce a una tipología simple, basada, no en la psicología, sino en la unidad de las acciones que les da el relato (el donador del objeto mágico, el malo, el ayudante, etc.) [3]. Los personajes de Goytisolo son actantes. Ninguno de ellos tiene una psicología o personalidad consistente. Es imposible atribuirles una identidad fija, intransferible. No aman, desean u odian como los personajes de la mayoría de novelas. Sin embargo, son personajes activos; su actividad es mental (piensan, fantasean, monologan). Esto les abre el camino a un mundo sin límites físicos, temporales o psíquicos. El personaje central carece de nombre, se desplaza con rapidez sobrehumana por numerosos lugares distantes; su fragmentada personalidad le permite la metamorfosis y la asunción de personalidades contradictorias: por ejemplo, revive los actos de viejas figuras históricas (Père de Foucauld, Ibn Turmeda) y actúa como ellos de acuerdo con altos valores espirituales; en otras ocasiones, encarna el papel de un hombre de nuestra época obsesionado con las funciones corporales más elementales. La novela de Goytisolo rompe así con el personaje esencial del realismo.

Historia y trama han sido considerados siempre como elementos esenciales e imprescindibles en la novela. También se rompe con ellos en *Juan sin tierra.* E. M. Forster, en *Aspects of the Novel,* define así el concepto de historia: «Una narración de acontecimientos dispuestos en una secuencia temporal: la cena ocurre después del desayuno, el martes después del lunes, la descomposición después de la muerte, etc.» [4]. La trama

---

[3] Véase ROLAND BARTHES: «Introduction à l'analyse structurale des récits», en *Communications,* 8 (1966), p. 16. Este número de *Communications* contiene interesantes estudios de destacados críticos estructuralistas: R. Barthes, A. J. Greimas, C. Bremond, etc.

[4] E. M. FORSTER: *Aspects of the Novel* (Nueva York: Harcourt, Brace & World, 1955), p. 27. A pesar de haber aparecido hace tiempo, esta obra, publicada por primera vez en 1927, y *The Craft of Fiction*

añade a la historia el elemento de causalidad; es lo que da un
motivo a los acontecimientos. *Juan sin tierra* carece de ambos
elementos. Para Forster, historia y trama tienen como protagonistas a unos personajes a los que les ocurren cosas por lo
general más extraordinarias que los de la vida de todos los
días. La novela del xix es el ejemplo más obvio; pero también
en la novela del siglo xx —y sin duda en la novela social española— se hallan estas dos características, aunque sea de forma
más disimulada e imprecisa. No es así en *Juan sin tierra.* No
hay sucesión de acontecimientos. El pasado no es el pasado
de la vida del personaje, sino el pasado de la Historia española
y universal que tiene tanto relieve como los hechos vividos o
imaginados por el personaje. Los hechos no se presentan en una
secuencia temporal en la que el principio preceden al fin y la
causa al efecto. Se elimina una de las reglas estructurales que
Todorov aplica a todo relato: «Parece evidente que, en un
relato, la sucesión de acciones no es arbitraria sino que obede-
ce a cierta lógica» [5]. Por eso no es posible resumir el libro
en un argumento. La obra es una combinación de elementos
heterogéneos con pocas relaciones aparentes entre sí: los recuerdos en torno a los años de una Cuba simbólica se mezclan
a borrosos momentos situados en el presente en París; largos
fragmentos de narración alternan con textos literarios e históricos.

El libro se aleja de la forma biográfica. Por mucho tiempo
la novela ha consistido en contar de manera interesante una
biografía. Según la clásica tesis de Lukács de *Teoría de la novela,* toda obra de ficción se ajusta a una estructura biográfica.
El héroe de la novela es problemático: en determinado momento sufre una grave crisis; la crisis le lleva a vivir una *aventura*
consistente en una serie de acontecimientos anormales que lo
separan trágicamente de la vida estable de la mayoría de los
hombres. Esos acontecimientos terminan inevitablemente en el
fracaso. La única compensación que el héroe encuentra es un

(1921) de P. Lubbock siguen siendo consideradas como textos muy importantes para el análisis formalista y estructural de la novela.
    [5] TZVETAN TODOROV: «Les catégories du récit littéraire», en *Com-
munications,* 8 (1966), p. 131.

mejor conocimiento de sí mismo. Lukács da como ejemplos el héroe quijotesco de Cervantes y los de Balzac [6].

Las novelas realistas de Goytisolo se ajustan a esta estructura biográfica que da unidad y sentido al libro. En *Juan sin tierra,* por el contrario, no se presenta la vida de nadie; no hay crisis ni aventuras en torno a las cuales se construye el libro. No hay desarrollo de unos hechos; la tensión narrativa no crece gradualmente hasta alcanzar un clímax que resuelve el conflicto previamente planteado. No hay principio ni fin de una historia porque ésta no existe. No se pretende atraer la atención del lector por medio de ningún recurso típico: la ocultación de algún hecho decisivo, la anticipación de un hecho que ha de ocurrir *(foreshadowing).* El novelista evita deliberadamente estos viejos procedimientos del arte de la narración porque quiere que el lector concentre sin distracciones su atención en el motivo central del libro: el modo narrativo. El novelista elimina los elementos convencionales que integran la estructura de la novela. Rompe también con los principios de la escritura tradicional. Los somete a examen. La literatura, como indica R. Barthes, se convierte en una escritura de la escritura, actitud típica de la novela irrealista contemporánea [7]. El lenguaje no se concibe ya como bien común, igual para todos, del que el novelista se sirve sin reservas; se duda de su valor, se lo cuestiona. El escritor debe empezar cada obra a partir de la nada para inventar su propia escritura.

Otro aspecto característico de la novela es la expresión del tiempo. La novela realista se ha escrito en los tiempos verbales correspondientes al pasado. El pretérito y el imperfecto han sido los modos clásicos utilizados por el novelista. En el pasado están escritas las obras del XIX desde Balzac y Tolstoi a Galdós y Clarín; los novelistas del 98, que se rebelan contra ellos, escriben también en este tiempo. *Niebla,* que destruye tantas ideas del realismo del XIX, no modifica su uso. Muchas obras de novelistas contemporáneos están escritas en este tiempo. La novela social lo utiliza con monótona insistencia. La razón de esta

---

[6] GEORG LUKÁCS: *Teoría de la novela* (Buenos Aires: Siglo Veinte, 1974), pp. 70-71 *et passim.*

[7] ROLAND BARTHES: *Le dégrée zéro de l'écriture* (París: Seuil, 1972), página 45.

inalterada adhesión a una forma verbal es que el pasado parece
ser el tiempo más natural para narrar una historia: la novela
se refiere a acontecimientos ocurridos hace tiempo, ya termi-
nados.

El pasado sirve para establecer un orden y una jerarquía de
valores. El novelista refiere los acontecimientos desde una posición ventajosa: conoce todo lo ocurrido; los hechos se hallan
compuestos en su mente y puede presentarlos de manera organizada, perfecta. Además, el autor selecciona los acontecimientos; da mayor énfasis a algunos mientras arbitrariamente
margina u olvida otros. El pasado con su cualidad de algo hecho ya, que no puede modificarse, contribuye a crear una
impresión de seguridad para expresar un mundo y unas ideas
de cuya realidad y existencia no se duda: «el pasado es, finalmente, la expresión de un orden y por consiguiente de una euforia. Gracias a él, la realidad no es misteriosa, ni absurda» [8].
Cuando Galdós dice, por ejemplo, en *Torquemada en La Ho-
guera: «La noche del segundo día,* Torquemada, rendido de
cansancio, *se embutió* en uno de los sillones de la sala, y allí
se estuvo como media horita, dando vueltas a su pícara idea,
¡ay! dura y con muchas espinas que se le había metido en el
cerebro» [9], la acción aparece perfectamente localizada en un
tiempo durativo (no personal) fijado por el pretérito que contribuye a acrecentar la impresión de seguridad: no hay duda
ninguna sobre la verdad de lo que le ocurre al personaje.

Goytisolo rechaza el pasado. *Juan sin tierra* no refleja un
mundo de valores sólido que Goytisolo identifica con lo de la
burguesía. Es, por el contrario, la negación de todos los valores
de esa moral [10]. El pasado es para él un modo expresivo que se
corresponde con esa ética. Al no colocar su obra en ese tiempo, Goytisolo refuerza su visión del mundo distinta de la moral establecida. Tan sólo en raras ocasiones se emplea el pasado.

[8] BARTHES, p. 26.

[9] BENITO PÉREZ GALDÓS: *Obras completas,* V (Madrid: Aguilar,
1961), p. 915.

[10] En relación con el pasado dice Barthes: «C'est par un procédé
de ce genre que la bourgeoisie triomphante du siècle a pu considérer
ses propres valeurs comme universelles et reporter sur des parties ab-
solument hétérogènes de sa société tous les Noms de sa morale.» BAR-
THES: *Ibid.,* p. 28.

Cuando se hace, es porque es necesario para aludir a un pensamiento o idea que explica la conducta del protagonista en el presente; no para narrar un episodio que sigue una progresión lineal en el tiempo. Esto se hace obvio en las páginas finales que son una especie de justificación de la obra. El autor vuelve diez años atrás para determinar el motivo de su rechazo; para indagar sobre el momento en que se propuso una moral nueva y empezó la subversión de la antigua: «ojalá, te *dijiste,* pudiera inspirar yo tal horror, reunir en mí las abyecciones, vilezas y taras susceptibles de concitar el virtuoso desprecio de esta pareja fétida» (p. 315).

Goytisolo experimenta con tiempos nuevos, poco comunes en la novela. Estos tiempos son básicamente tres: el presente, el gerundio y el futuro. Cada uno de ellos tiene una función determinada.

El presente es un tiempo enunciativo. Sirve para expresar un punto temporal fijo, no sucesivo. Es particularmente adecuado para las visiones panorámicas en las que se quiere captar simultáneamente los diferentes objetos o elementos que componen una parcela de la realidad: del mismo modo opera la cámara fotográfica que capta todo lo que queda incluido dentro del campo focal. El presente se usa, en general, cuando se trata de reflejar lo que ve en su imaginación el personaje central. Se presta en especial para las descripciones de las ciudades árabes: «cuando los altavoces de Solimán *difunden* la oración de los almuédanos los pájaros *brujulean* y *huyen* por toda la rosa de los vientos en raudo y ensordecedor torbellino» (p. 105).

El presente se encuentra también en la narración de hechos del pasado. Esto ocurre, por ejemplo, en las escenas acerca de la familia cubana del protagonista. Es evidente que los hechos sucedieron hace tiempo. La alusión a los esclavos negros es una prueba de que no se refiere a la Cuba de hoy. Sin embargo, se relatan en el presente como si estuvieran desarrollándose ahora. Esto produce sorpresa al principio; pero hay una explicación técnica: el protagonista evoca ese pasado mientras ve unas fotografías de su familia. Para él la evocación tiene lugar en el presente. El pasado es un tiempo muerto; pero para el protagonista no es así. Siente aún con dolorosa inmediatez sus consecuencias y quiere liberarse de ellas. Lo que predomina es

su efecto en el presente. El pasado tiene en la novela de Goytisolo una postura opuesta a la que ocupa en Proust, uno de los
autores más interesados en la función del tiempo. Para Proust
el pasado es una posibilidad de recuperación de un paraíso
perdido en el tiempo; la conciencia lo transfigura en algo esencial para dar un fundamento metafísico al presente. En *Juan sin
tierra* el pasado debe ser borrado porque condiciona la libertad
del presente. Es una realidad que hay que combatir. El héroe
de Goytisolo, a diferencia del proustiano, se proyecta sin huellas esenciales que lo identifiquen hacia el futuro y se hace
existencialmente en él.

El gerundio complementa el presente. Le agrega la cualidad
de progresión en el tiempo. Se empieza a superar así el esta-
tismo que conlleva el presente. El protagonista necesita superar el pasado; el gerundio indica la transición sucesiva hacia
el futuro liberador: «seguirás sin interrumpirte, *paseando* la
mirada por el techo abuhardillado y las baldosas verdes del
fregadero, los grabados, recortes de prensa, el libro con el di-
bujo evaporador al vacío... *hollando* con el bolígrafo... *dando*
tiempo a que el infeliz padre Vosk se recobre del susto» (p. 34).

El personaje central se revela contra la historia; la ve como
realidad cerrada, concluida. Por eso el tiempo más utilizado es
el futuro. Si el pasado nos da una realidad ya hecha de una
vez por todas, sin apelación, el futuro deja abiertas todas las
posibilidades. La acción no está fija; se presta a que el protagonista la modele a su gusto. En el futuro el personaje encuentra su libertad; en él puede destruir la circunstancia nacional y familiar. En el futuro nada es imposible: incluso volar
cn una alfombra por encima de las ciudades turcas: «tu ingrávida alfombra levitará sobre la maravillada asamblea, cobrará rápidamente altura, dibujará espirales helicoides...» (página 106). Si se cambiaran los verbos que están en el futuro por
tiempos en el pasado: (tu ingrávida alfombra *levitó* sobre la
maravillada asamblea, *cobró* rápidamente altura, *dibujó* espirales helicoides), la escena cobraría un carácter histórico, muerto.

El futuro es el tiempo que expresa los proyectos no rea-
lizados aún por el protagonista. El vive en su mente los hechos de la novela como un enorme deseo de resolver la incierta
situación de su vida. El futuro cobra a veces por esta razón la

forma de exhortación que se hace a sí mismo. Cuando ve en Estambul las gaviotas que planean por las calles se incita a volar como ellas y a investigar los secretos de la ciudad: «harás como ellas», se dice.

El formalismo considera la deformación temporal el único rasgo del discurso literario que lo diferencia del de la historia. El futuro sirve como tiempo verbal que da gran libertad para diversas posibilidades combinatorias que deforman la acción. Lo real (el vuelo de las gaviotas) se mezcla sin discriminación con lo irreal (su vuelo en una alfombra). Al mismo tiempo facilita la transposición al presente de personajes o acontecimientos del pasado: el protagonista se encuentra en la calle con el autor medieval Ibn Turmeda; el hecho se presenta con absoluta naturalidad, sin ninguna advertencia o comentario del autor. El único signo del carácter irreal de la escena es el tiempo verbal en que se nos transmite; lo que nos la presenta como algo deseado, no ocurrido aún: «distinguirás entre ellos, con júbilo, al viejo, multicentenario autor del 'Presente del hombre docto'» (p. 103).

El juego con los tiempos contribuye a crear una atmósfera de confusión. No existe una situación en un tiempo cronológico preciso. Hasta el comienzo de la tercera parte no hay una referencia al momento en que sucede la acción. La referencia es además vaga: se hace por medio de una relación negativa entre pasado y presente: «no como ahora». Luego se precisa el ahora: el primer día del verano de 1973. E. Auerbach ha indicado que la novela contemporánea busca la concentración de la acción en un corto espacio de tiempo; esto le proporciona mayor intensidad; la acción de unas pocas horas es más efectiva para explicar simbólicamente el significado de la realidad de un individuo o de una situación [12]. Esto es lo que hace Goytisolo. El protagonista realiza su viaje fantástico en unas horas de un día estival. La gran condensación de hechos diferentes acentúa dramáticamente el conflicto interno del protagonista en busca de una identidad libre. Además de las mencionadas, no

---

[11] Véase Tzvetan Todorov: *op. cit.,* p. 139. También: T. Todorov (ed.): *Théorie de la littérature.*

[12] Erich Auerbach: *Mimesis* (Princeton: Princeton University Press, 1971), p. 538.

hay apenas otras referencias temporales concretas (no imagina-
das por el personaje) en toda la obra. El resto queda inten-
cionalmente envuelto en una nebulosa de imprecisión, en la
frontera entre lo real y lo fantástico, sin que sea posible encontrar de manera clara un contexto temporal determinado.

La ruptura se produce también en la narración. La forma
narrativa convencional de la novela (la del propio Goytisolo en
la mayoría de sus obras) es la combinación de períodos narrativos y diálogos. Los períodos narrativos incluyen descripciones
y discursos en estilo indirecto. En *Juan sin tierra* no se sigue
ninguno de estos procedimientos. Se rompe la contextura habitual del período narrativo. Las ideas no se relacionan por
medio de oraciones unidas por conjunciones u otros términos
relacionantes. En su lugar se utiliza una forma nueva: las frases se agrupan en largos fragmentos ininterrumpidos y están
relacionadas por dos puntos. No hay propósito de ordenación
lógica o claridad en las ideas. El párrafo no existe. Se relatan
sucesos inconexos y el estilo se ajusta a esta inconexión.

Muchas de las escenas se presentan de modo parecido, tipi-
ficable. Al principio se introduce una idea inicial, por ejemplo:
«asumirás las prerrogativas grandiosas de tu disfraz» (p. 213).
Esta frase sitúa la acción. Indica que el protagonista va a continuar su viaje por el desierto vestido con un atuendo árabe que
le sirve de disfraz. El resto de la escena consiste en una serie
de frases que expanden la idea del principio a modo de círculos que crecieran a partir de un punto central. El libro procede así por acumulación más que en forma de línea continua.
Los incisos son constantes. A menudo tienen una función sub-
jetivadora. Se introducen paréntesis de variada extensión que
reflejan el pensamiento del autor para corregir o precisar una
idea: en la descripción objetiva de la refriega entre la policía
y la multitud en París, se modifican con paréntesis los conceptos que se expresan en el texto: «la porfiada repetición de los
golpes encarnizándose en el fantasma de la propia angustia (sin
conseguir exorcizarlo no obstante), ... los sale, race dégueulas-
se pouilleux ordure saloperie (modulados en el idioma de Vi-
llon y Descartes), la inútil tentativa de respuesta (quizá la tor-
pe huida)» (p. 93).

La voz del autor interviene a menudo en la narración, lo

que aumenta el carácter personal del texto. Esto se advierte en las descripciones. En la novela realista tienen la función de situar la acción; en bastantes autores contribuyen en gran manera a completar la caracterización de un personaje. Balzac es uno de los ejemplos más ilustrativos. En *Eugénie Grandet* la minuciosa descripción de la sombría casa del avaro Grandet sirve para anticipar la personalidad de su propietario. El autor realista debe mantener una objetividad lo más estricta posible en estas descripciones para mantener el efecto de verosimilitud. Goytisolo en sus primeras obras había seguido estos principios. En *Juan sin tierra* las descripciones están subjetivizadas, obedecen a un sentido y finalidad previas al margen de lo descrito; el autor encauza a través de ellas su poderosa crítica: «chalés moriscos de la *confiada* burguesía del viejo imperio, con miradores y cúpulas, balaustradas *fantasiosas* e *inútiles, estrafalarios* quioscos de recreo, *megalomanía* de comerciantes y banqueros cifrada en una *folletinesca* colección de tarjetas postales en color» (p. 114). La función de la descripción no es situar la acción sino ser instrumento de crítica. Es, por tanto, una descripción creadora como Jean Ricardou indica debe ser la descripción en el escritor contemporáneo [13]. Goytisolo nos da su visión interpretativa de los lugares de un viaje por tierras árabes.

La descripción realista se apoyaba en un acuerdo tácito entre autor y lector; el lector asumía que el escritor presentaba con precisión y verdad el medio de la novela. El autor hacía su descripción lo más exacta posible. Goytisolo rompe con esta postura; muestra su carácter convencional, arbitrario. Por esta razón, en varios momentos no termina sus descripciones o deja que el lector provea a su arbitrio la circunstancia física de la acción. Al describir un paisaje suizo, nos presenta un paisaje suizo concreto, pero revela que la descripción no tiene propósito de particularismo; debe entenderse a modo de decorado teatral que sería aplicable a cualquier otro lugar nevado de Suiza. Rompe también con la convención de la documentación directa. No pretende siquiera estar describiendo una es-

---

[13] JEAN RICARDOU: *Problèmes du nouveau roman* (París: Seuil, 1967), páginas 91-95.

cena que él ha presenciado por sí mismo: se sirve simplemente de una guía turística con fotografías.

En el pasado —incluso en *Don Julián*— Goytisolo ha mostrado interés en la descripción propia del *nouveau roman* en la que el objeto se nos da en su estado neutro, desprovisto de toda significación, libre de toda influencia afectiva [14]. Ahora no es así. Incluso en algunos casos de enumeración caótica, los objetos aparecen colocados en una atmósfera significativa que les confiere una función y sentido. En el ejemplo siguiente, los anuncios del metro significan la crítica del consumo indiscriminado de las sociedades afluyentes: «viajes organizados, papeles higiénicos casi acariciantes, quesos miríficos, elixires sublimes, prendas de ropa interior exquisitas o paternales...» (página 95).

El diálogo no cumple una función de objetividad. No se ajusta a la personalidad o condición social de los personajes; se somete al propósito de crítica. En la conversación de Vosk y el protagonista en torno a Turquía, Vosk critica las costumbres morales de Estambul. Sin embargo, el interés no está en su opinión sobre la vida de esa ciudad, sino en la ridiculización de sus ideas. Se exageran sus palabras para hacer la crítica más efectiva: «en los cines: sexo! en los teatros: sexo! ; en las salas de fiestas: sexo! ; y en las revistas! : y en las aceras! : y en los periódicos! ; y en los escaparates! ; en todas partes lo mismo! ; sexo y nada más que sexo! » (p. 113). Cuando, en otro momento, Vosk ataca al personaje por su concepción de la novela, lo hace alternando el lenguaje de confesonario con el médico e intercala expresiones («e tu, disgraziato, che?») que tienen un fin humorístico, no representacional.

En *Juan sin tierra* el lenguaje no es meramente medio; es un fin en sí. El interés no está en la representación de un modo determinado de habla; está en la elaboración de un lenguaje que se ajuste mejor a los conceptos. El cuerpo humano en un momento de meditación se ve así: «los estímulos y aguijones sensuales no hacen ya mella en él e, inmerso en la languidez bienhechora de un presente eterno, desdeña, altivo, la irrisoria esclavitud de los placeres, puro, esbelto y sutil, ingrávido, con

---

[14] ROLAND BARTHES: *Essais critiques* (París: Seuil, 1964), p. 32.

la delicada fluidez de las nubes que al atardecer auspician la
majestad de los paisajes otoñales lejos del tráfago febril, del
mundanal ruido» (p. 11). Se describe el estado del cuerpo humano en general, no el de un individuo particular. Los adjetivos son abundantes con resonancias poéticas: puro, esbelto, sutil, ingrávido. Se hace uso de imágenes: la comparación del
cuerpo con las nubes. Hay alusiones literarias: lejos del mundanal ruido. Es manifiesto el propósito de alejarse del lenguaje
cotidiano para elaborar otro intelectualizado en el que predomina lo conceptual y lo artístico.

Se incorporan diversas clases de lenguaje especializado no
literario. La utilización de estos lenguajes acrecienta la crítica
humorística que se hace de algunas figuras y situaciones. Los
textos serían completamente inapropiados desde una perspectiva
realista y lógica; el autor juega deliberademente con el efecto
de sorpresa. Cuando Vosk critica al protagonista porque su
literatura está en los cerros de Ubeda por falta de verismo, su
oponente transcribe la sección de un libro de viajes dedicada
a ese lugar de la geografía española. En otro momento el protagonista decide «enviarlo a freír espárragos»; para hacerlo
emplea la receta para *asperges* de un libro de cocina francés.
Se ataca el lenguaje vacío y no creador. Esto se hace a veces
por medio de una interpretación desacostumbrada de ese lenguaje. Vosk dice, por ejemplo: «yo me refiero a sus respuestas
al test y usted se sale por peteneras», el protagonista le responde: «prefiero las seguidillas» (p. 303).

Al eliminar la referencialidad externa de la literatura, Goytisolo afirma su literalidad en el sentido que le dan los
críticos estructuralistas: la literatura es el centro y el objeto
de sí misma [15]. Sin embargo, la novela continúa refiriéndose a
algo. La referencia básica —además del yo del autor— está
en la literatura misma. Goytisolo se sirve del discurso de otros
escritores. Esta utilización no es puramente imitativa. Nada la
distinguiría en ese caso del plagio. Goytisolo la elabora y transforma. La convierte en discurso connotativo. De acuerdo con la
definición de Todorov este tipo de discurso es : «un registro

---

[15] Según RICARDOU: «Ainsi un roman est-il pour nous moins l'ecritu-
re d'une aventure que l'aventure d'une écriture.» *Op. cit.,* p. 111.

del habla (parole) cuya identificación tiende a la vez al aspecto referencial y a una relación que une el aspecto literal a otro texto»[16].

El plagio se evita por medio de la parodia. La parodia es crítica y ridiculiza algún aspecto del texto precedente. Le agrega elementos nuevos importantes.

En *Juan sin tierra* la parodia se realiza de dos modos. Uno consiste en la incorporación literal en la obra de un texto de otro escritor. El autor elude todo comentario. El contexto basta para denotar la interpretación cómica que debe darse al fragmento incluido. Un ejemplo de este tipo de parodia es la transcripción de un texto medieval escrito en contra de la costumbre de los cristianos de tomar baños a imitación de los árabes. La transcripción literal sin añadir ni suprimir nada y sin comentario alguno del autor no produciría por sí misma ningún efecto paródico. Pero el título tiene ya un sentido irónico: «Animus meminisse horret.» Se hace obvio que horrorizarse hoy por el simple recuerdo de la costumbre de tomar baños es algo ridículamente hiperbólico. Sin embargo, esto es sólo un breve indicio. El estar escrito en latín le quita cierta inmediatez de intención. La clave del sentido auténtico del fragmento se encuentra en otro lugar de la obra. Una de las Voces de la España tradicional ha estado hablando de los peligros que amenazan a la sociedad española: «la corrupción intelectual, el erotismo, la pornografía, los espectáculos decadentes, la literatura soez, malsana y con harta frecuencia atentatoria a nuestros ideales políticos y patrióticos» (p. 183). Hasta aquí el argumen- de la Voz se basa en hechos discutibles, pero reales. Su error no es necesariamente obvio. Pero luego atribuye el origen de la decadencia moral del país a los baños medievales. El autor no comenta ni critica de manera directa. No es necesario. El razonamiento de la Voz se destruye a sí mismo: invoca un argumento patentemente absurdo.

En otras ocasiones, se clarifica la crítica con un comentario; por ejemplo, en el texto de Pierre Loti sobre el modo de hacer una novela. El procedimiento paródico se repite, pero de ma-

---

[16] TZVETAN TODOROV: «La poétique structurale», en *Qu'est-ce que le structuralisme?* (París: Seuil, 1968), p. 111.

nera diferente. Primero el autor nos prepara, sitúa el texto en la dimensión adecuada. Da la clave de su interpretación, la que quiere que el lector adopte. Sin esta preparación, el texto se presentaría neutro, como una mera reproducción de las palabras de Loti. Pero el autor advierte sutilmente sobre el modo irónico en que hay que considerar las ideas de Loti: el protagonista está interesado en escuchar al *Grand Homme* y se dirige «al núcleo mismo de su *irradiante inspiración,* a colectar el *rocío* de su palabra» (p. 257). La preparación permite captar el sentido que Goytisolo quiere que tengan las palabras de Loti en la novela al margen del que tuvieron cuando fueron dichas. En esta reinterpretación está lo creador del discurso connotativo. Así se entiende la ridiculización de la idea de Loti sobre la manera realista de construir personajes novelescos: «j'écoute ce qui recontent les gens: j'étudie leurs moeurs, leurs habitudes: leurs amours, leurs désirs, leurs haines» (p. 257). O sobre su modo de dar veracidad a las escenas: «je mets de temps en temps de phrases en turc: ça fait vrai, ça donne un peu de couleur locale» (p. 258). Goytisolo, claro está, persigue todo lo contrario. Al final, se concluye el tratamiento irónico con una nota *in crescendo* ya claramente definidora.

El discurso connotativo se da también por medio de la evocación del medio literario. En este caso no se refiere a un texto específico sino a un estilo. El propósito paródico sigue siendo el motivo central. El caso más completo de connotación por el estilo es el de la parodia de los críticos de la crítica moderna que no han roto con los principios de la novela decimonónica. El ataque se dirige sobre todo contra las ideas de Lukács sobre la que él denomina novela modernista (Kafka y Joyce son dos de sus representantes más destacados), porque distorsiona la realidad social y elude la crítica de la sociedad capitalista [17]. Las ideas de Lukács, que dieron fundamento teórico a la novela de posguerra, son ridiculizadas ahora por Goytisolo.

El estilo imitado es el de la novela pastoril. La imitación se hace de una manera difusa, general: no se imita una obra en particular sino las características del género. La referencia

---

[17] Véase GEORG LUKÁCS: *The Meaning of Contemporary Realism* (Londres: Merlin Press, 1962).

no se hace a través de una novela pastoril propiamente dicha
(e. g.: *La Diana*); se hace por medio de un episodio a su vez
imitado de la novela pastoril: la historia de Marcela del *Quijote*.

Goytisolo combina elementos muy dispares: géneros diferentes (novela-ensayo); períodos muy separados en el tiempo
(la novela social del siglo XX - la novela pastoril y el *Quijote*).
Esto podría conducir en otra obra a la confusión y dar la impresión de *pastiche*. No ocurre así en *Juan sin tierra*. El autor
quiere romper con las normas establecidas en todo; también
con las de la literatura. Para ello saca fuera de su contexto
habitual una obra bien clasificada ya en la historia de la literatura. La influencia del formalismo ruso es otra vez clara;
éste indica que: «cuando el poeta (artista) saca al objeto fuera
de su contexto acostumbrado y junta nociones disparatadas da
un golpe de gracia al cliché verbal, a las respuestas fijas que a
él van unidas y nos fuerza a cobrar una conciencia más clara
de las cosas y de su textura sensorial» [18].

El fin es, como otras veces, presentar una visión diferente
de un aspecto de la realidad; mostrar que no hay un modo
único de entenderla o representarla. Goytisolo adopta algunos
de los procedimientos usados por Cervantes en la historia de
Marcela. Como Cervantes, incluye una novela breve dentro de
la novela total: la parodia de los escritores lukacsianos, aunque
relacionada con la crítica general de la obra, tiene unas características individuales que la separan del resto. Cervantes creía
en la mezcla de géneros diversos para dar variedad a la obra:
combina lo pastoril de la historia de Marcela con lo épico-cómico del Quijote [19]. En *Juan sin tierra* hay parecida mezcla.
En ambos autores se emplea la poesía. En Cervantes, el largo
poema elegíaco del despechado pastor Grisóstomo; en Goytisolo
el soneto burlesco a la literatura realista. Los protagonistas son
similares: pastores que se lamentan de su suerte. En ambas historias hallamos la escena del entierro de un pastor que ha co-

---

[18] VICTOR ERLICH: *Russian Formalism (History-Doctrine)* (La Haya:
Moutton & Co., 1965), p. 177. Ver mi artículo «El formalismo ruso y
la teoría de la ficción», en *Revista de Occidente* (jun.-jul. 1977), p. 50.

[19] E. C. RILEY: *Cervantes's Theory of the Novel* (Londres: Oxford
University Press, 1968), p. 50.

metido suicidio y deja como testamento el manuscrito de una obra. La imitación se hace manifiesta también en el lenguaje. La doncella de *Juan sin tierra* es caracterizada con términos de inspiración de novela pastoril: «sentada a la sombra de una floresta, cabe un apacible arroyo que allí casualmente mana del agua cristalina de una fontana, sus cabellos caen como guedejas de oro delgado en torno a su tez marfileña y sus manos esbeltas y ágiles parecen esculpidas en nieve» (p. 261).

Estos son los aspectos imitativos con que se construye la parodia. Lo demás es diferente en Goytisolo. El autor presenta un contraste de conceptos que hace posible lo paródico. Su historia pastoril está ubicada dentro del mundo de la novela española contemporánea. La doncella de tez marfileña es crítico y profesor de literatura y discípulo de Lukács. El contraste entre estas dos ideas contrapuestas produce un efecto humorístico, ausente de la historia de Marcela y de las novelas pastoriles. También se cultiva lo imposible: el manuscrito del pastor suicida localiza la acción en un inexistente puerto de la ciudad de Toledo. Luego, el episodio se interrumpe arbitrariamente y se deja inacabado.

El contraste se exagera a veces y se lleva a lo absurdo con la intención de aumentar el efecto de sorpresa. Goytisolo ha concebido siempre la novela como un modo de sacudir la conciencia del lector. Antes, pretendía hacerlo por medio de documentos veraces de la realidad más amarga de la sociedad española; ahora por medio de asociaciones de ideas opuestas. Este modo no es nuevo en él. Lo había anticipado en *El furgón de cola*: «el autor debe proponerse la fusión en un mismo campo de experiencia personal de dos emociones o ideas distantes, provocando a su contacto el chispazo o tensión necesarios que alumbra una nueva realidad» [20]. Un buen ejemplo en *Juan sin tierra* es la equiparación de una corrida de toros con un auto de fe. En esta ocasión la ironía se transforma en agudo sarcasmo; el autor muestra en ella de forma implacable su desprecio hacia los valores tradicionales del país.

Juan sin tierra no presenta ninguno de los elementos convencionales que caracterizan a una novela; la ambigüedad se

---

[20] JUAN GOYTISOLO: *El furgón de cola* (París: Ruedo Ibérico, 1967), página 53.

extiende al género de la obra. Por una parte, es novela: trata de seres en cierto sentido similares a otros personajes de ficción; es además una narración de hechos en su mayor parte en prosa. Al mismo tiempo tiene muchas características del ensayo: las ideas están expuestas, no dramatizadas; hay uso abundante de erudición y de manejo de fuentes literarias e históricas. El libro incluye también una clave que explica, a modo de comentario crítico, el sentido de algunos de los episodios más difíciles. *Juan sin tierra* es una novela-ensayo; un experimento que aprovecha los recursos propios de géneros distintos, por lo general considerados separadamente. Lo que da unidad a este conjunto de elementos dispares es su dura crítica de los valores establecidos españoles y su revisión absoluta de los principios de la novela de tendencia realista.

El irrealismo de *Juan sin tierra* no está motivado por un deseo de evasión. El autor sigue afirmando su obra en la realidad de España. Pero ha cobrado conciencia de que hay modos distintos de ver y analizar esa realidad más allá de los representacionales. Ha descubierto que el campo auténtico de la literatura es la escritura. En esta dirección encamina su esfuerzo creador a la búsqueda de un modo literario que se ajuste a una realidad más compleja. En *Juan sin tierra* realidad y escritura se complementan y ambas dan en forma equilibrada —un equilibrio interno que subyace la aparente confusión— la medida de la visión única del escritor.

Conclusión

La obra de Juan Goytisolo está profundamente inmersa en la situación de la España de la posguerra; está concebida como un rechazo absoluto de las ideas y los valores transmitidos por la ideología oficial. Pero, paradójicamente, aunque se trata de una obra crítica de esa sociedad, es también una consecuencia de ella: sus libros no escapan al contexto español contemporáneo, sino que se ven sobremanera condicionados por él. Goytisolo se rebela, sobre todo, contra la falta de libertad política y cultural del país; lo expresa en sus libros, pero al mismo tiempo esa falta de libertad determina sus características e imprime un carácter especial a sus temas, forma y tono.

Las difíciles circunstancias en que Goytisolo escribe son las mismas que las de los otros autores de su generación. Todos ellos las sufren y reflejan en sus obras con parecida intensidad. Sin embargo, con los años, Goytisolo se ha convertido en el hombre que ha vivido los problemas comunes de su generación de manera más profunda y completa; es, a su vez, el que ha tratado de superar con mayor vigor y éxito las limitaciones impuestas al escritor en el ámbito español. Otros autores coetáneos suyos menguan o dejan completamente paralizada su labor por falta de decisión para enfocar una realidad o resolver en formas nuevas las limitaciones de un género.

Esto no ocurre con Goytisolo. Su obra es la más extensa de todos sus compañeros; en ella se opera además una evolución y progreso creciente hasta hoy. Goytisolo ha sabido percibir los cambios de la sociedad del país sobre la que escribe; no se ha dejado superar por su confusa complejidad, sino que los ha sometido a análisis nuevos y los ha aprovechado para enriquecer sus novelas con un material distinto.

Ciertamente la evolución de la España de posguerra no se ha correspondido con los deseos de los escritores que habían puesto su novela al servicio de la transformación del país: tan sólo algunos aspectos de la sociedad española se han visto afectados, pero los valores viejos contra los que el escritor realmente dirigía su obra han permanecido intactos. El escritor ha debido ver cómo sus principios y su función quedaban de repente inservibles. Goytisolo con sus análisis se ha enfrentado a los cambios; ha procurado entenderlos y explicarlos desde ángulos diversos. Se ha convertido así en el escritor prototipo de su generación, el que ha sabido entender mejor sus problemas y buscarles una perspectiva de renovación.

El aprovechamiento positivo de los factores que otros contemporáneos miran como negativos se evidencia claramente en el carácter que cobra en Goytisolo su condición de hombre exiliado. El exilio es voluntario en él, a diferencia del de los escritores que abandonaron el país durante la guerra civil. Desde el punto de vista de la obra literaria, ese exilio es provechoso porque el marginarse del país significa para él salvar su obra de la repetición y del anquilosamiento.

La experiencia del exilio le desconecta de las ideas tradicionales de una manera radical. Al propio tiempo le obliga a vivir de modo efectivo y real —no sólo idealizado— en unas circunstancias nuevas con mayor libertad intelectual y artística. Se libera así de los obstáculos mentales con que debía enfrentarse su obra antes de su salida y se enriquece con nuevas ideas y problemas distintos de los de la vida cultural y política española. El alejamiento de la patria no es aniquilador sino fructífero; revitaliza sus principios y su obra; les da mayor autenticidad y un carácter propio, diferencial.

El exilio no le hace perder contacto con la realidad nacional; le sirve para cambiar —ampliándolo— el enfoque con que la contempla. Así. *La resaca,* publicada tan sólo a poco de la marcha del escritor, presenta aún unos personajes y un contexto que se corresponden totalmente con la realidad de la posguerra. Por el contrario, *Reivindicación...* o *Juan sin tierra* tienen una localización física y humana mucho más amplia y universal. El exilio universaliza su obra, la libera de la circunstancia limitadora. Sin embargo, sentimos que esa España universal es más verdadera que la localizada en su realidad más concreta e inmediata, pero también más estrecha y provinciana.

Goytisolo no se propone, como hace buena parte de la novela de este siglo, la indagación de la condición humana, en general, sino el análisis de la situación del hombre español. Su concepción de la vida es diáfana. Aun en la complejidad aparente de sus últimas novelas se transparenta un mundo intelectual de principios sólidos, una antropología en la que el hombre será al final el maestro de su destino. Hay pesimismo en sus novelas con respecto a la situación de España, pero no con respecto a la condición humana.

Quizá haya un fondo de angustia personal que determina su visión de la problemática de España. Pero Goytisolo no se demora en esa angustia ni se lamenta desde una posición existencial o personal. Ve unos problemas concretos, procura analizar sus causas, por momentos insinúa soluciones, sin apartarse nunca, ni siquiera en sus últimas novelas, del examen de una realidad que procura hacer más clara y objetiva. En este sentido su novela habría que incluirla dentro del *realismo crítico,* entendido en su acepción más amplia, en el que se deja el camino abierto a toda opción formal. Por eso los mejores momentos de sus novelas aparecen cuando en su concepción de lo real entran también la fantasía y el sueño.

Goytisolo tiene además un propósito claro que orienta toda su obra aun en medio del malestar profundo que le produce el estado de España: quiere cambiar la realidad española y se esfuerza en contribuir con su obra a ese cambio por medio de sus novelas, de su labor de crítico de la vida del país y de crítico literario. Sin embargo, no concibe la literatura como un medio de presentar situaciones ideales, sino de develar problemas; no nos muestra la España posible del futuro sino la real del presente. Por ello, estos nuevos principios y modos de vida no están dramatizados en la obra; se dejan entrever tan sólo en algunos momentos o a través de algunos personajes. Básicamente, son una concepción solidaria —de raíz marxista— del hombre frente a la concepción individualista; una mayor tolerancia para todas las ideas dentro de la sociedad española;

nuevas posibilidades para los españoles a los que históricamente se ha negado una vida plena.

Como crítico de la realidad española, la obra de Goytisolo adquiere clara dimensión dentro del panorama de la literatura española del presente y del pasado. No hay otro autor cuya crítica de la realidad sea más directa y completa. Si, como quiere Azorín, la literatura española presenta siempre un propósito didáctico, la obra de Goytisolo no se separa de esa tendencia. Habrá que relacionarla, por no ir muy lejos, con la crítica a España en Larra, Clarín, Baroja, Valle-Inclán y, más recientemente, Martín Santos. Tal vez algunos de ellos alcancen mayor eficacia en despertar una vibración emocional en el lector; pocos, en cambio, descubren mejor los aspectos claves del *desvivirse* español y analizan más lúcidamente el carácter dramático de la vida en España.

Es en este contexto como se justifica la valoración que confiero a la obra de crítica literaria de Goytisolo. Frente a la crítica establecida, Goytisolo ataca la rutina y la repetición de conceptos mantenidos desde siempre; recupera figuras injustamente perdidas en el pasado y las descubre en su modernidad; introduce además ideas y puntos de vista revitalizadores, nuevos.

La novelística de Goytisolo ha sufrido una considerable y casi contradictoria transformación. En las primeras obras queda dentro de la tradición realista predominante en la novela española. Con sus últimos libros pasa a ser uno de los componentes más destacados de otra corriente poco común: la novela intelectual, uno de cuyos máximos representantes es Pérez de Ayala.

En este tipo de novela el propósito central es el planteamiento y la exposición de ideas de tipo general, abstracto. La novela de Goytisolo se ha vuelto una novela culta; en ella aparecen algunos de los grandes temas del hombre contemporáneo: el psicoanálisis, la función de los mitos, la naturaleza del lenguaje. Algunos de los problemas son de carácter académico o erudito, pero tienen un interés inmediato. Por ejemplo, el planteamiento de lo español castizo tiene, en sus antecedentes clásicos, una actualidad vigente, incluso apremiante.

El estilo también evoluciona de lo realista galdosiano a lo

barroco, dentro de una línea valleinclanesca, como se advierte en el tratamiento de la realidad, de raíz esperpéntica, y en la elaboración exhaustiva del lenguaje.

Este conjunto de cambios produce un resultado un tanto paradójico: la novela se convierte, de mayoritaria en su forma y propósito, en novela de público reducido y capaz de asimilar el contenido de alta cultura que se incluye en ella.

La formalización extrema a que, a pesar de su brillantez, ha llegado esta novela puede desembocar en una situación sin salida. Tal vez pueda parecer que el autor no seguirá en esta dirección por mucho tiempo. Sin embargo, no creo que Goytisolo vaya a apartarse de su concepción de la novela como escritura. De acuerdo con ella, ha logrado sus mejores logros, que le han situado a la vanguardia de la novela internacional. En cualquier caso, el ciclo creador de Goytisolo no está cerrado: la larga trayectoria de este escritor es una buena garantía de que sabrá hallar nuevas orientaciones adecuadas.

Bibliografía

Bibliografía

1. Obra literaria y crítica de Juan Goytisolo [1]

A) *Narrativa*

Colección de primeros cuentos (1949-1952) de la Murgar Memorial Library. Universidad de Boston. Incluye:

a) «Los Sueños».
b) «El Huésped».
c) «La lección aprendida».
d) «El ladrón».
e) «El perro asirio».

El mundo de los espejos. Barcelona: Janés editor, 1952.

Juegos de manos. Barcelona: Destino, 1954.

Duelo en el paraíso. Barcelona: Planeta, 1955.

El circo. Barcelona: Destino, 1957.

Fiestas. Buenos Aires: Emecé, 1958.

La resaca. París: Librairie espagnole, 1958.

} Trilogía con el título común *El mañana efímero.*

Problemas de la novela (ensayos). Barcelona: Seix y Barral, 1959.

Campos de Níjar (libro de viajes). Barcelona: Seix y Barral, 1960.

Para vivir aquí (relatos). Buenos Aires: Sur, 1960.

La isla. Barcelona: Seix y Barral, 1961.

Fin de fiesta. Barcelona: Seix y Barral, 1962.

---

[1] Si no se indica lo contrario, las obras son novelas.

La Chanca (libro de viajes). París: Librería española, 1962.

El furgón de cola (ensayos). París: Ruedo ibérico, 1967.

Pueblo en marcha (libro de viajes). Montevideo: Libros de la pupila, 1969.

Señas de identidad. México: Mortiz, 1966.

Reivindicación del conde don Julián. México: Mortiz, 1970.

Obra inglesa de don José María Blanco White (traducción y prólogo de ...). Buenos Aires: Formentor, 1972.

Juan sin tierra. Barcelona: Seix Barral, 1975.

B) *Artículos de crítica*

«La littérature espagnole en vase clos», en *Les lettres nouvelles,* noviembre 1955, pp. 632-638.

«Para una literatura nacional popular», en *Insula,* 146 (en. 1959), páginas 7 y 11.

«Un reportaje sobre el fracaso de la huelga nacional pacífica de junio de 1959», en *L'Expres,* 25 jun. 1959.

«Una serie de testimonios sobre la emigración económica española», en *Tribuna socialista,* jul. 1961, pp. 14-26.

«La condena de la intervención soviética en Checoslovaquia no es solamente una cuestión moral: es ante todo una necesidad política», en *La Cultura en México,* 27 nov. 1972, pp. 1-5.

«España y Europa», en *Tribuna socialista,* feb. 1963, pp. 38-52.

«España veinticinco años después», en *L'Expres,* 2 abr. 1964.

«Una de cal y otra de canto», 1969. Inédito. Hay copia en la Murgar Memorial Library.

«Supervivencias tribales en el medio intelectual español», en *Estudios sobre la obra de Américo Castro.* Madrid: Taurus, 1971, pp. 141-156.

«La novela española contemporánea», en *Libre,* 2 (dic.-en.-feb. 1971-1972), p. 33.

«El mundo erótico de María de Zayas», en *Cuadernos del Ruedo Ibérico,* 39-40 (oct. 1972-en. 1973), pp. 3-27.

2. Bibliografía utilizada

A) *General*

ALBÉRÈS, RENÉ-MARIE: *Metamorfosis de la novela.* Madrid: Taurus, 1971.

ALBORG, JUAN LUIS: *Hora actual de la novela española.* Madrid: Taurus, 1958.

AYALA, FRANCISCO: «Función social de la literatura», en *Revista de Occidente,* 10 (en. 1964), pp. 97-107.

BARTHES, ROLAND: *Essais critiques*. París: Editions du Seuil, 1964.
BLANCO AGUINAGA, CARLOS: *Juventud del 98*. Madrid: Siglo XXI de España, 1970.
BOOTH, C. WAYNE: *The Rhetoric of Fiction*. Chicago: University of Chicago Press, 1970.
BOWLING, LAWRENCE E.: «What is the Stream of Consciousness Technique?», en *PMLA*, jun. 1950, pp. 333-345.

CASTELLET, JOSÉ MARÍA: *La hora del lector*. Barcelona: Seix y Barral, 1957.

DEMETZ, PETER, ed.: *Brecht. A Collection of Critical Essays*. New Jersey: Prentice-Hall, 1962.

ECO, UMBERTO: *L'Oeuvre ouverte*. París: Editions du Seuil, 1965.
ERLICH, VICTOR: *Russian Formalism (History-Doctrine)*. La Haya: Mouton and Co., 1965.

FRANCO, DOLORES: *España como preocupación*. Madrid: Guadarrama, 1960.
FROMM, ERICH: *Marx's Concept of Man*. New York: Frederick Ungar, 1967.

GARCÍA-VIÑÓ, MANUEL: *La novela española actual*. Madrid: Guadarrama, 1971.
GOLDMANN, LUCIEN: *Para una sociología de la novela*. Madrid: Ciencia nueva, 1967.

LUKÁCS, GEORG: *The Meaning of Contemporary Realism*. Londres: Merlin Press, 1962.
— *Studies in European Realism*. New York: Grosset and Dunlap, 1964.
— «Realismo socialista, hoy», en *Revista de Occidente*, 37 (abr. 1966), páginas 1-20.

MAGNY, CLAUDE-EDMONDE: *The Age of the American Novel*. New York: Frederick Ungar, 1972.

ORTEGA Y GASSET, JOSÉ: *Meditaciones del Quijote e Ideas sobre la novela*. Madrid: Revista de Occidente, 1970.

POUILLON, JEAN: *Temps et roman*. París: Gallimard, 1946.

DEL RÍO, ANGEL, y BENARDETE, MAIR JOSÉ: *El concepto contemporáneo de España*. Nueva York: Las Américas, 1962.
ROBBE-GRILLET, ALAIN: *Pour un nouveau roman*. París: Les éditions de minuit, 1963.
ROTHA, PAUL: *The Film till Now*. Norwich: Fletcher and Son, 1967.

SARTRE, JEAN-PAUL: *Situations, II.* París: Gallimard, 1948.

SCHOLES, ROBERT, ed.: *Approaches to the Novel.* San Francisco: Chandler Publishing Co., 1966.

THORPE, JAMES, ed.: *Relations of Literary Study.* Nueva York: Modern Language Association of America, 1967.

VARELA, BENITO: *Renovación de la novela en el siglo XX.* Barcelona: Destino, 1967.

VILAR, PIERRE: *Historia de España.* París: Librería española, 1971.

YNDURÁIN, FRANCISCO: «La novela española desde la segunda persona», en *Prosa novelesca actual.* Santander: Universidad internacional Menéndez Pelayo, 1966.

B) *Sobre Juan Goytisolo*

BECARUD, JEAN: «Juan Goytisolo: de la critique à l'agression», en *Le Monde* (19 abr. 1967).

BERMÚDEZ, MANUEL: «Juan Goytisolo: Señas de identidad», en *Actual,* 2 (mayo-ag. 1968).

BLEZNICK, DONALD W.: Prefacio e introducción a *Duelo en el paraíso.* Massachusetts: Blaisdell Publishing Co., 1967.

BUCKLEY, RAMÓN: *Problemas formales en la novela española contemporánea.* Barcelona: Península, 1968.

BUSETTE, CEDRIC: «Goytisolo's Fiesta: a Search for Meaning», en *Romance Notes* (University of North Carolina), 12, núm. 2 (1971), páginas 270-273.

CANO, JOSÉ LUIS: «Tres novelas», en *Insula,* 111 (15 mar. 1955), p. 7.
— «Tres novelas», en *Insula,* 136 (15 mar. 1958), p. 7.
— «Juan Goytisolo: Campos de Níjar», en *Insula,* 167 (oct. 1960).

CARENAS, FRANCISCO, y FERRANDO, JOSÉ: *La sociedad española en la novela de la posguerra.* Nueva York: Elíseo Torres, 1971.

CASADO, PABLO, G.: *La novela social española,* 2.ª ed. Barcelona: Seix y Barral, 1973.

CASTELLET, JOSÉ MARÍA: «"Juegos de manos" de Juan Goytisolo», en *Revista* (14 abr. 1955).
— «Juan Goytisolo y la novela española actual», en *La Torre,* 33 (en.-mar. 1961), pp. 131-140.
— «La joven novela española», en *Sur,* 284 (sept.-oct. 1963), pp. 48-54.
— «La littérature espagnole et le temps de la destruction», en *Les lettres nouvelles* (mar.-abr. 1968).
— «Tiempo de destrucción para la literatura española», en *Imagen,* suplemento núm. 28 (15-30 jun. 1968), pp. 1-2.

CIRRE, JOSÉ F.: «Novela e ideología en Juan Goytisolo», en *Insula,* 230 (en. 1966), pp. 1 y 12.

COINDREAU, MAURICE-EDGAR: «La joven literatura española», en *Cuadernos del Congreso por la libertad de la Cultura,* 24 (mayo-jun. 1957), páginas 39-43.

CORRALES EGEA, JOSÉ: «Don Julián y la "destrucción de España"», en *Cuadernos de Ruedo Ibérico*, 31-32 (jul.-sept. 1971), pp. 97-101.
— *La novela española actual*. Madrid: Cuadernos para el diálogo, 1971.
COFFON, CLAUDE: «Juan Goytisolo discusses his first novel in four years», en *Le Monde* (30 sept. 1970), p. 6.
— «Una reivindicación temeraria», en *Marcha* (19 feb. 1971), pp. 30-31.
COX, RANDOLPH: «Aspects of Alienation in the Novels of Juan Goytisolo». Tesis doctoral. University of Wisconsin, 1972.
CURUTCHET, JUAN C.: *Introducción a la novela española de posguerra*. Montevideo: Alfa, 1966.
— «Juan Goytisolo y la identidad de la España sagrada», en *Revista de la universidad de México*, suplemento 23, núm. 5 (en.-feb. 1969), páginas 9-15.

DÍAZ LASTRA, A.: «La nueva época literaria de España», en *La Cultura en México* (abr. 1967).
— «Señas de identidad de Juan Goytisolo», en *Ruedo Ibérico* (junio-septiembre 1967), pp. 177-180.
— «Entrevista con Juan Goytisolo», en *Margen*, 2 (dic.-en. 1967), páginas 3-15.
DÍAZ-MARTÍN: «La resaca», en *Nuestras ideas*, 7 (1959), pp. 92-93.
DÍAZ PLAJA, F.: «Náufragos en dos islas», en *Insula*, 227 (1967), p. 6.
DOMÉNECH, R.: «Una generación en marcha», en *Insula*, 162, 163, 164, 165 (mayo-jun.-jul.-ag. 1960).
DOMINGO, JOSÉ: «La última novela de Juan Goytisolo», en *Insula*, 248-249 (jul.-ag. 1967), p. 13.
DONOSO PAREJA, M.: «Señas de identidad», en *El Día* (28 dic. 1966).
DURÁN, MANUEL: «El lenguaje de Juan Goytisolo», en *Cuadernos Americanos*, 6 (nov.-dic. 1970), pp. 167-179.
— «Vindicación de Juan Goytisolo: Reivindicación del conde don Julián», en *Insula*, 290 (en. 1971), pp. 1 y 4.

«Entrevista con Juan Goytisolo y Antonio Ferres», en *Letras Hispánicas*. Ohio State University, 5 (invierno 1971), pp. 39-54.

FERNÁNDEZ SANTOS, F.: «La resaca», en *Indice de Artes y Letras*, 129 (oct. 1959), pp. 20-21.
FERRARA, JUAN: *Tendencias de la novela española actual, 1931-1969*. París: Ediciones Hispanoamericanas, 1970.
FORREST, GENE S.: «The Novelistic World of Juan Goytisolo». Tesis doctoral. Vanderbilt University, 1969.
FUENTES, CARLOS: «Aprender una nueva rebelión», en *Imagen*, 15 (mayo 1968).
— *La nueva novela hispanoamericana*. México: Mortiz, 1969.

GORDON, ROBERT A.: «An Analysis of the Narrative Techniques of Juan Goytisolo». Tesis doctoral. University of Colorado, 1971.
GUEREÑA, MARÍA: «Campos de Níjar y Para vivir aquí», en *Nuestras ideas*, 9 (1960), pp. 84-86.

HERNÁNDEZ, GUILLERMO et al.: *La novelística española de los 60.* New York: Elíseo Torres, 1971.

HURTADO, EFRAÍN: «Juan Goytisolo», en *El Nacional* (Papel literario), 15 mayo 1968.

IGLESIAS, I.: «Juan Goytisolo: Duelo en el paraíso», en *Cuadernos del congreso por la libertad de la cultura,* 21 (nov.-dic. 1956), pp. 123-124.

— «Dos representantes de la nueva literatura española», en *Cuadernos del congreso por la libertad de la cultura,* 26 (sept.-oct. 1957), páginas 97-99.

— «Fiestas y La resaca, de Juan Goytisolo», en *Cuadernos del congreso por la libertad de la cultura,* 36 (mayo-jun. 1959), pp. 114-115.

— «Juan Goytisolo: Campos de Níjar», en *Cuadernos del congreso por la libertad de la cultura,* 46 (en.-feb. 1961), p. 120.

LARKINS, JAMES E.: «Pessimism in the Novels of Juan Goytisolo». Tesis doctoral. Ohio State University, 1966.

LARRA, C.: «Jeux de mains», en *Europa,* 345-346 (en.-feb. 1958), páginas 246-249.

MARRA LÓPEZ, JOSÉ: «Tres nuevos libros de Juan Goytisolo», en *Insula,* 193 (dic. 1962), p. 4.

MARTÍNEZ ADELL, A.: «Fiestas», en *Insula,* 145 (15 dic. 1958), p. 7.

MARTÍNEZ CACHERO, J. M.: «Juan Goytisolo y la novela española actual», en *La Torre,* 9 (1961), pp. 131-140.

— «El novelista Juan Goytisolo», en *Papeles de Son Armadans,* 95 (feb. 1964).

— *La novela española entre 1939 y 1969.* Madrid: Castalia, 1973.

MORÁN, FERNANDO: *Novela y semidesarrollo.* Madrid: Taurus, 1971.

MORENO, MARVEL: «El común denominador de todas las relaciones particulares» (Entrevista con Juan Goytisolo), en *Siempre,* 1061 (24 oct. 1973), pp. VI, VII y VIII.

MUÑEZ, ANGELINA: «Señas de identidad», en *Excelsior* (4 jun. 1967).

NAVAJAS, GONZALO: «Notas sobre un nuevo compromiso literario», en *Mester* (abr. 1973), pp. 25-29.

— «El formalismo ruso y la teoría de la ficción», en *Revista de Occidente* (mayo-jun. 1977), pp. 48-54. (Contiene abundantes referencias a Juan Goytisolo.)

— «Juan sin tierra: realidad y escritura en la novela», en *Papeles de Son Armadans* (feb. 1978), pp. 101-130.

— «Juan sin tierra: fin de un período novelístico», en *Revista de estudios hispánicos* (mayo 1979).

NORA, EUGENIO G. DE: *La novela española contemporánea.* Madrid: Gredos, 1962.

— «La obra novelística de Juan Goytisolo», en *Insula,* 190 (sept. 1962), página 7.

NUÑO, JUAN: «Goytisolo y Ortega», en *El Nacional* (Papel literario).

Olmos García, F.: «La novela y los novelistas españoles de hoy. Una encuesta», en *Cuadernos americanos*, 129 (jul.-ag. 1963), p. 214.
— «Novelas y novelistas españoles de hoy», en *Les Langues Néolatines*, 174 (oct.-nov. 1965), pp. 3-8.
Ortega, José: «Novela y realidad en España», en *Mundo nuevo*, 44 (feb. 1970), pp. 83-86.
— *Juan Goytisolo: Alienación y agresión en «Señas de idéntidad» y «Reivindicación del conde don Julián»*. Nueva York: Elíseo Torres, 1972.
Ortega, Julio, ed.: «Juan Goytisolo: Hacia Juan sin tierra», en *Convergencias/divergencias/incidencias*. Barcelona: Tusquets editor, 1973.
Otero Seco, A.: «Goytisolo et l'ombre de Larra», en *Le Monde* (28 febrero 1968).
Oviedo, José M.: «La rabiosa documentación del exiliado», en *El Comercio* (21 feb. 1967), p. 6.

Paita, Jorge: «Juan Goytisolo: Fiestas», en *Sur*, 261 (nov.-dic. 1969), páginas 56-57.
Peden, Margaret S.: «Juan Goytisolo's Fiestas, an Analysis and Commentary», en *Hispania*, 3 (sept. 1967), pp. 461-466.
Pérez Minik, Domingo: *Novelistas españoles de los siglos XIX y XX*. Madrid: Guadarrama, 1957.
Pérez Perdomo, F.: «Las confesiones de Goytisolo y su última novela», en *Revista nacional de cultura*, 181 (jul. 1967).
Piatier, Jacqueline: «La censure explique le réalisme du roman espagnol contemporain», en *Le Monde* (28 jul. 1962).
Porcel, Baltasar: «Juan Goytisolo entre la queja y el desprecio», en *Destino* (abr. 1968), pp. 55-56.

Rodríguez Monegal, E.: «Juan Goytisolo. Destrucción de la España sagrada», en *Mundo nuevo*, 12 (jun. 1967), pp. 44-60.
Rodríguez Puértolas, J.: «Dos libros sobre España y los españoles», en *Urogallo*, 7 (en.-feb. 1971), pp. 82-83.
Rojas Zea, R.: «Goytisolo o la destrucción de los mitos de España», en *El Día* (8 ag. 1968).
Romero, Héctor R.: «La novelística de Juan Goytisolo». Tesis doctoral. University of Illinois, 1970.
Rosa, Julio M.: «Juan Goytisolo o la destrucción de las raíces», en *Cuadernos Hispanoamericanos*, 237 (1969), pp. 779-784.

Sáinz, Gustavo: «La denuncia de España en Juan Goytisolo», en *Siempre*, 703 (14 dic. 1966).
— «Destrucción de la España sagrada», en *Mundo nuevo*, 12 (jun. 1967), página 44.
Sanz Villanueva, S.: *Tendencias de la novela española actual*. Madrid: Cuadernos para el diálogo, 1972.
Schwartz, Kessel: Introducción a *Fiestas*. Nueva York: Del Laurel Language Library, 1964.

SCHWARTZ, KESSEL: «The novels of Juan Goytisolo», en *Hispania*, 47 (mayo 1964), pp. 302-308.
— «The United States in the Novels of Juan Goytisolo», en *Romance Notes*, VI, 2 (1965), pp. 122-125.
— «Juan Goytisolo, Cultural Constraints and the Historical Vindication of Count Julian», en *Hispania*, 54 (dic. 1971).
SENABRE, RICARDO: «Evolución de la novela de Juan Goytisolo», en *Reseña*, 41 (en. 1971), pp. 3-12.
SENDER, RAMÓN: «Fiestas», en *Saturday Review*, 43, núm. 21 (11 junio 1960), p. 35.
— «Juan Goytisolo: Campos de Níjar», en *Books Abroad*, 36 (primavera 1962), p. 189.
SIRAUZ, YVES: «Le roman espagnol», en *La revue nouvelle* (15 marzo 1962), pp. 291-301.
SOBEJANO, GONZALO: «La Chanca, de Juan Goytisolo», en *Papeles de Son Armadans*, 97 (abr. 1964), pp. 118-121.
— *Novela española de nuestro tiempo*. Madrid: Prensa española, 1970.

TORRE, GUILLERMO: «Los puntos sobre algunas íes novelísticas», en *Insula*, 146 (en. 1959), pp. 6 y 11.
TOVAR, ANTONIO: «Memoria de ayer y hoy», en *Ibérica*, 15 (feb. 1966), páginas 11 y 16.

VALENTE, JOSÉ ANGEL: «Lo demás es silencio», en *Insula*, 24 (jun. 1969), página 15.
VARGAS LLOSA, M.: «Reivindicación del conde don Julián», en *Marcha* (23 jul. 1971), p. 31.
VILAR, SERGIO: «Fin de fiesta, de Juan Goytisolo», en *Papeles de Son Armadans*, 76 (jul. 1962), pp. 106-108.

WEBER, J. P.: «Jeux de mains, Deuil au Paradis», en *La nouvelle revue française*, 78 (1959), pp. 1103-1104.
WURMSER, A.: «Le vide de l'horreur», en *Les lettres françaises* (abril 1961).

ZARAGOZA, CELIA: «Juan Goytisolo: Para vivir aquí», en *Sur*, 269 (mar.-abr. 1961), pp. 89-91.

COLECCIONES DE CRITICA LITERARIA

«BIBLIOTECA DE CRITICA LITERARIA»

Misericordia, de Galdós. Luciano García Lorenzo. 88 págs.
La Numancia, de Cervantes. Alfredo Hermenegildo. 148 págs.
Unamuno: Al hilo de «Poesías», 1907. Ramón de Garciasol. 168 págs.

«CLASICOS Y MODERNOS»

Antonio Machado, ejemplo y lección. Leopoldo de Luis. 260 págs.
Garcilaso de la Vega. Antonio Prieto. 184 págs.
Armando Palacio Valdés. Manuel P. Rodríguez. 240 págs.
Pablo Neruda. Eduardo Camacho Guizado. 356 págs.
Miguel de los Santos Alvarez (1818-1892). Romanticismo y poesía.
 Salvador García Castañeda. 200 págs.

«TEMAS»

Literatura y contexto social. Cándido Pérez Gállego. 212 págs.
La poesía de la edad barroca. Pilar Palomo. 152 págs.
La Loa. Jean Louis Flecniakoska. 196 págs.
La sociedad española y los viajeros del siglo XVII. J. M. Díez Borque.
 240 págs.
Introducción a la teoría de la literatura. M. A. Garrido Gallardo.
 172 págs.
Teoría de la Novela. Autores varios. 536 págs.
La mujer vestida de hombre en el teatro español. Carmen Bravo
 Villasante. 192 págs.
La literatura emblemática española. Siglos XVI y XVII. A. Sánchez.
 204 págs.
El comentario de textos semiológico. J. Romero Castillo. 144 págs.
Bibliografía fundamental de la literatura española del siglo XVIII.
 F. Aguilar Piñal. 304 págs.
Significado y doctrina del «Arte Nuevo» de Lope de Vega.
 J. M. Rozas. 196 págs.
La novela de aventuras. José M.ª Bardavío. 224 págs.
Novela española contemporánea. Vicente Cabrera y Luis González
 del Valle. 220 págs.
La novela de Ignacio Aldecoa. De la mímesis al símbolo.
 Jesús M.ª Lasagabáster Madinabeitia. 456 págs.
La novela de Juan Goytisolo. Gonzalo Navajas. 260 págs.

«ANTOLOGIAS»

Antología de la Literatura Española:
 De la Edad Media al siglo XIX. C. Sánchez Polo. 288 págs.
 Siglo XX. C. Sánchez Polo. 304 págs.